A TV
sob controle

Dados Internacionais de Catalogação na Publicação (CIP)
(Câmara Brasileira do Livro, SP, Brasil)

Leal Filho, Laurindo Lalo
A TV sob controle: a resposta da sociedade ao poder da televisão / Laurindo Lalo Leal Filho. – São Paulo : Summus, 2006.

Bibliografia.
ISBN 85-323-0297-1

1. Comunicação de massa 2. Televisão 3. Televisão – Brasil I. Título.

06-4323 CDD-302.2345

Índice para catálogo sistemático:
1. Televisão : Meios de comunicação de massa : Sociologia 302.2345

Compre em lugar de fotocopiar.
Cada real que você dá por um livro recompensa seus autores
e os convida a produzir mais sobre o tema;
incentiva seus editores a encomendar, traduzir e publicar
outras obras sobre o assunto;
e paga aos livreiros por estocar e levar até você livros
para a sua informação e o seu entretenimento.
Cada real que você dá pela fotocópia não autorizada de um livro
financia o crime
e ajuda a matar a produção intelectual de seu país.

LAURINDO LALO LEAL FILHO

A TV
sob controle

A resposta da sociedade
ao poder da televisão

summus
editorial

A TV SOB CONTROLE
A resposta da sociedade ao poder da televisão
Copyright © 2006 by Laurindo Lalo Leal Filho
Direitos desta edição reservados por Summus Editorial

Editora executiva: **Soraia Bini Cury**
Assistente de produção: **Claudia Agnelli**
Capa: **Alberto Mateus**
Projeto gráfico e diagramação: **Crayon Editorial**
Fotolitos: **Casa de Tipos**

Summus Editorial
Departamento editorial:
Rua Itapicuru, 613 – 7º andar
05006-000 – São Paulo – SP
Fone: (11) 3872-3322
Fax: (11) 3872-7476
http://www.summus.com.br
e-mail: summus@summus.com.br

Atendimento ao consumidor:
Summus Editorial
Fone: (11) 3865-9890

Vendas por atacado:
Fone: (11) 3873-8638
Fax: (11) 3873-7085
e-mail: vendas@summus.com.br

Impresso no Brasil

SUMÁRIO

Prefácio 9
Introdução 13

Educar para a TV 23
Tia querida 26
Livros que ajudam a ver TV 29
Uma boa idéia está no ar 32
Uma lei para a TV 35
Imagens distorcidas 38
Olhar de estudante 41
Nasce a máquina subversiva 44
Pés de barro 47
Chegamos ao limite 49
Televisão com horários 51
A voz do telespectador 53
Livros à mão cheia 55
Aulas de Brasil 57
Com o pé na universidade 59
Ensino debochado 61
O Príncipe Eletrônico 63
A boa televisão 65
Férias com menos TV 67
O retrocesso ministerial 70
Televisão consciente 73
Monteiro Lobato de volta 75
Temor das ruas 77
O lado positivo do preconceito 79

Notícias da Ilha	81
Mídia à venda	83
Pérolas para poucos	86
Sem alienação	89
A gente se vê por aí	91
O circo da TV	93
Balcão de notícias	95
Palanques eletrônicos	97
Mensagens da terrinha	99
O novo Congresso	101
Produção experimental	103
Os jovens alienistas	105
Direito de escolha	107
Controle de qualidade	109
Programação em debate	111
O espetáculo da notícia	113
Guerra de imagens	115
Já foi melhor	119
Um a zero	121
Alvo fácil	123
A construção do império	125
Última chance	127
Em doses homeopáticas	129
Balanço de fim de ano	131
Por uma mídia democrática	133
Líderes de audiência	135
As filhas do regime	137
Letra morta	139
Sem apelações	141
Por trás das câmeras	143
Tipo exportação	145
Em busca de respostas	148
Prêmio para a qualidade	151

Nichos de qualidade 153
Promessas e dívidas 155
Corações e mentes 157
Culto à dúvida 159
História revista 161
Fórum social debate televisão 163
Televisão educativa não é entretenimento 165
Aulas de televisão 167
Código de proteção à infância 169
Prêmio MídiaQ de 2005 173
De Bonner para Homer 177

PREFÁCIO
O DESPERTAR DO PÚBLICO

Na virada do século, a televisão brasileira mudou. Para muitos, as transformações podem ter passado despercebidas, mas para quem acompanhou o dia-a-dia da TV no país naquele período não há como negar as mudanças. Nunca, desde o surgimento da televisão no Brasil, em 1950, o veículo foi tão discutido por setores cada vez maiores da sociedade. Seus operadores, assim, se viram na obrigação de dar respostas – algumas mais arrogantes, outras menos. Apesar do tom, a redoma que protegia as concessionárias de canais de TV foi rompida.

Implantada no Brasil como extensão do rádio no conteúdo, no modelo institucional adotado e – nos casos mais emblemáticos – como apêndice de empresas jornalísticas consolidadas, a televisão passou longe dos ideais de serviço público. Aqui ela surgiu como um empreendimento comercial, balizado pelos interesses de empresas privadas que vislumbraram na nova tecnologia a possibilidade de uma frente de expansão dos seus negócios.

Distribuídas ao sabor de interesses particulares, as concessões outorgadas pelo Estado em nome da sociedade tornaram-se fonte de poder econômico, político e – mais tarde – religioso, numa vertente que funde negócios, política e fé. Ao completar seus 50 anos no Brasil, a TV alcançou níveis de descompromisso com a qualidade da programação jamais vistos. Afrontou a Constituição, o Estatuto da Criança e do Adolescente, o Código de Defesa do Consumidor, além de ferir compromissos em defesa dos direitos humanos assumidos pelo Brasil com outras nações.

A concorrência desenfreada pela audiência imediata, a qualquer custo, é a explicação mais ampla para esse fenômeno. Programas destituídos de compromissos sociais – e mesmo artísticos – sempre existiram na televisão brasileira, mas nunca de forma tão generalizada como começou a ser visto a partir do início dos anos 1990.

Ao mesmo tempo, a TV passou a surfar na onda neoliberal. Se os governos brasileiros sempre trataram o setor com luvas de pelica – temerosos de irritar os concessionários e açular sua ira –, na década de 1990 o Executivo praticamente abdicou de sua função reguladora. Como em quase toda a economia, o mercado reinava como senhor absoluto. As tímidas tentativas de reverter essa situação foram rapidamente abortadas. E as emissoras continuaram a correr soltas, ocupando canais públicos mas sem dar ao público qualquer satisfação sobre a qualidade do serviço a ele prestado.

A bem da verdade, deve-se salientar que a sociedade sempre se comportou de forma extremamente dócil diante do veículo. Nos primeiros anos de existência da televisão, não havia muito do que se queixar. Programas dos anos 1950 e 1960 ainda são lembrados como referências de qualidade. Depois, a censura do Estado, acoplada à censura das emissoras, abafou qualquer possibilidade de crítica. E, na redemocratização, amordaçaram-se as críticas, sob o argumento da liberdade de opinião, confundida com liberdade de imprensa – que nada mais era do que a liberdade das empresas. Só elas desfrutam do poder de decidir o que a sociedade deve saber ou não, como deve se comportar, qual o jeito de falar e – o que para os concessionários é o mais importante – o que consumir.

Na metade da década de 1990, estávamos chegando ao fundo do poço. Poço esse que parecia ser cada vez mais fundo. Foi aí que surgiram as primeiras vozes, capazes de se fazer ouvir apesar de o antagonista ser imensamente mais forte. Grupos passaram a se formar para discutir televisão; dissertações de mestrado e teses de doutorado cresceram em número e qualidade com a consolidação dos programas de pósgraduação em comunicação; certos parlamentares resolveram enfrentar o poder e usar os meios de que dispunham nessa batalha; ações mais práticas começaram a se desenvolver por meio dos canais institucionais oferecidos pelo Ministério Público.

E aí a situação mudou. Governos viram-se na obrigação de assumir seu papel, ainda que timidamente. As emissoras passaram a responder direta ou indiretamente aos reclamos da sociedade. Surgiram propostas concretas para a democratização, com sinais de que poderiam ser bem-sucedidas. A elas refluíram pressões conservadoras, aferradas à manutenção da situação atual. Otimismo e frustração alternaram-se ao longo do decênio entremeado pelo ano 2000. Ainda assim, nunca se falou e se discutiu tanto – e em tanta profundidade – a respeito do papel desempenhado pela televisão na sociedade brasileira.

A vivência desses momentos está nos textos que você lerá a seguir. Organizados por data de publicação e escritos no calor dos acontecimentos, eles refletem ilusões, frustrações, inquietudes e esperanças. São o relato de instantes nos quais começou a se pensar de forma mais sistematizada na ação da TV como meio de comunicação hegemônico numa sociedade massificada e profundamente desigual como a brasileira.

A linha condutora de todos eles é uma só: a de que enquanto a televisão tiver esse poder e seguir operando sem controle, não haverá democracia plena no Brasil. Continuaremos sendo um país dividido entre uma minoria de cidadãos de primeira classe, informados por fontes amplas e diversificadas, e a maioria da população, de segunda classe, que tem a televisão como sua única janela para o mundo.

• • •

Os artigos que integram este livro foram originalmente publicados na revista *Educação*, com exceção do primeiro (publicado na revista *Comunicação e Educação*) e do último (publicado na revista *CartaCapital*).

INTRODUÇÃO
TV, UM PODER SEM CONTROLE

A televisão é um fenômeno da segunda metade do século XX. Ela surge num momento de crise dos paradigmas democráticos, fortemente abalados pela ascensão do nazifascismo e rigorosamente confrontados com as promessas de bem-estar social geradas pelo estado soviético. A guerra retardou por alguns anos a consolidação da TV como veículo de comunicação de massa hegemônico, especialmente na Europa. A BBC, por exemplo, que foi ao ar pela primeira vez em novembro de 1936, ficou sem transmitir durante quase sete anos por causa da guerra. Ela saiu do ar no dia 1º de setembro de 1939, quando vinte mil residências já possuíam aparelhos de televisão em Londres, e só voltou a operar no dia 7 de junho de 1946.[1]

A democracia, com alguns sustos e percalços, consolidou-se em grande parte do mundo. A idéia da divisão dos poderes e do permanente controle operado entre eles está na base do regime. Há democracias com forte participação popular e efetivo controle social, e há outras que funcionam apenas de forma aparente. De qualquer modo, umas e outras buscam se legitimar pela idéia rousseauniana da soberania absoluta da maioria, com todos os cidadãos tendo

---

1 LEAL FILHO, Laurindo Lalo. *A melhor TV do mundo*. São Paulo: Summus, 1997, p. 48.

direito de voto e, por meio dele, a capacidade de controlar os poderes constituídos. É a democracia liberal burguesa em pleno funcionamento.

Quando esse sistema de organização política estava se recuperando de um conflito armado que quase lhe destruiu as bases, surge, cresce e se consolida um novo poder, paralelo aos três poderes clássicos. É a televisão, que passa a ocupar um enorme espaço político e a impor sua agenda a toda a sociedade. No dizer de Popper, "a democracia consiste em submeter o poder político a um controle. É essa sua característica essencial. Numa democracia não deveria existir nenhum poder político incontrolado. Ora, a televisão tornou-se hoje em dia um poder colossal; pode mesmo dizer-se que é potencialmente o mais importante de todos, como se tivesse substituído a voz de Deus".[2]

E quanto mais frágil a democracia, mais força possui a televisão. No caso brasileiro, os exemplos de interferência da TV — particularmente da Rede Globo — no processo democrático se multiplicam. Desde o apoio incondicional à ditadura militar, passando pelas tentativas de manipulação das apurações nas eleições para governador no Rio de Janeiro em 1982 e pela edição fraudulenta do debate Collor–Lula em 1989, até a divulgação de pesquisas desatualizadas às vésperas do primeiro turno das eleições para o governo de São Paulo, em 1998, a televisão tem procurado modificar os resultados do jogo democrático de acordo com seus objetivos, quase sempre com sucesso.

Mas a TV, com suas múltiplas faces, não é um fenômeno que permita análises fáceis e definitivas. Como lembra Dahlgren, a televisão assemelha-se a um prisma, do qual vemos e

---

[2] POPPER, Karl e CONDRY, John. *Televisão: um perigo para a democracia*. Lisboa: Gradiva, 1994, p. 29.

entendemos alguns lados, mas não todos ao mesmo tempo.³ Aqui, estamos tratando da televisão como indústria e fenômeno sociocultural. São duas faces do prisma, que nos remetem à questão do controle e do financiamento da televisão. Ou, de forma mais simples, a idéia corrente de que quem paga controla, e, ao controlar, determina os padrões da programação, seu ritmo, sua organização, impondo, por exemplo, uma absoluta falta de limites entre jornalismo, publicidade e relações públicas.

Mas por que deve ser assim? Não é possível desvincular o financiamento do controle? Para responder a essas questões, é necessário recorrer ao conceito de serviço público. É ele que vai impor limites ao poder absoluto que o concessionário de um canal de televisão tem sobre o conteúdo da programação. A idéia do rádio – e depois da TV – como serviço público é dos anos 1920, e tem origem na Europa Ocidental. Foi a forma encontrada para evitar, ao mesmo tempo, o comercialismo que já tomava conta do rádio norte-americano e o estatismo soviético. O objetivo era manter o rádio independente tanto dos negócios como da política. E para isso só havia uma forma: cobrar licença de uso dos radiouvintes, prática que se mantém até hoje em vários países europeus, estendida para a televisão.

No Brasil, embora o rádio tenha surgido com a pretensão de ser instrumento de cultura e ciência, numa das expressões do seu fundador, o antropólogo Edgard Roquette Pinto, ele logo se comercializou, levando a TV a seguir no mesmo rumo. Só com a Constituição de 1988 é que idéia do serviço público na radiodifusão brasileira aparece de forma clara. Em seu artigo 223, a Carta diz que deve haver um "princípio

---

3 DAHLGREN, Peter. *Television and the public sphere* [*Televisão e esfera pública*]. Londres: Sage Publications, 1995, p. 24.

de complementaridade dos sistemas privado, público e estatal" de rádio e teledifusão. Mas, da letra à prática, a distância é grande.

O conceito de serviço público, tal como foi formulado na Europa Ocidental, pressupõe o atendimento de necessidades fundamentais da população. Dessa forma, os serviços de rádio e televisão se equipariam aos de água, telefone, energia ou correio, por exemplo. E teriam duas vertentes básicas: a referente à cidadania, procurando elevar as condições de participação dos cidadãos na vida democrática, e a da cultura, servindo como disseminadora da riqueza lingüística, espiritual, estética e ética de povos e nações.[4]

Para executar com autonomia esse serviço público, as emissoras devem manter distância das interferências do Estado e dos negócios. Por isso, em praticamente todos os países da Europa Ocidental, parte do financiamento das emissoras de televisão vem da taxa cobrada dos telespectadores. Ao mesmo tempo que essa cobrança garante a autonomia das emissoras, ela estimula também o telespectador a exigir qualidade dos produtos que recebe em casa. Os mecanismos existentes para o exercício desse controle variam de país para país. Na França, por exemplo, a responsabilidade cabe ao Conselho Superior de Audiovisual, formado por nove membros indicados pelo Presidente da República, pelo presidente do Senado e pelo presidente da Assembléia Nacional; na Itália, há uma espécie de defensor público nomeado pelo Parlamento, além de um código de auto-regulamentação implantado recentemente; no Reino Unido, a tarefa é dividida entre os Conselhos Diretores da BBC e da Televisão Independente, com controle externo de um órgão regu-

---

4   LEAL FILHO, Laurindo Lalo, op. cit., p.18.

lador público, o Offcom (Office of Communications), que acompanha o nível das programações e serve de ponte entre os telespectadores e as emissoras, encaminhando críticas e sugestões e tendo poder de sanção.

Além disso, pelo fato de se constituir num serviço público, a televisão tem a obrigação de oferecer programações diversificadas e complementares. Um antiexemplo clássico é dado por um jogo de rúgbi transmitido simultaneamente por oito emissoras de televisão de uma mesma região dos Estados Unidos.[5] No Brasil, ocorre a mesma coisa. Quando uma emissora comercial encontra uma fórmula de sucesso, com grande audiência, logo é copiada pelas concorrentes, tirando do telespectador qualquer tipo de escolha. Se no entretenimento essa prática leva à rotina e à monotonia das "escolhas iguais", no jornalismo cria situações de unanimidade perigosas para a vida democrática.

O argumento de que as programações são determinadas pela audiência é falacioso. Ao buscar índices cada vez mais elevados de audiência, as emissoras estão apenas oferecendo produtos para serem consumidos no mercado. Ao mercado, por definição, só se oferece o que é vendável. E quem disse que só o que é vendável tem qualidade? Existem inúmeros produtos culturais valiosos que não são oferecidos aos telespectadores apenas por não encontrarem espaço no mercado.

E mais: "Pode-se e deve-se lutar contra o índice de audiência em nome da democracia. Isso parece muito paradoxal porque as pessoas que defendem o reino do índice de audiência pressupõem que não há nada mais democrático [...] O índice de audiência é a sanção do mercado, da

---

5 SENDALL, Bernard. *Independent television in Britain: origin and foundation, 1946-62* [*Televisão independente na Grã-Bretanha: origem e fundação, 1946-62*]. Londres: Macmillan, v. I, 1982.

economia, isto é, de uma legalidade externa e puramente comercial [...] A televisão regida pelo índice de audiência contribui para exercer sobre o consumidor supostamente livre e esclarecido as pressões de mercado, que não têm nada da expressão democrática de uma opinião coletiva esclarecida, racional, de uma razão pública, como querem fazer os demagogos cínicos".[6]

Se essa preocupação já está presente na Europa, apesar de todos os mecanismos de controle antes mencionados, no Brasil a falta de um debate mais rigoroso dessas questões leva a demagogia mencionada por Bourdieu a limites perigosos. Diretores e apresentadores de televisão, comprometidos com o modelo comercial descontrolado, chegam a considerar o meio absolutamente neutro. Para eles, a TV seria apenas um eletrodoméstico, e seu papel cultural comparável ao de uma janela. Dessa forma, o problema estaria na paisagem, e não na janela – como se a televisão não escolhesse, entre milhares de paisagens aquelas que, segundo seus critérios, servem para dar mais audiência. Ou, pior, não forjasse situações que nem na paisagem estão. São cenas falsas, vendidas como verdadeiras apenas para atrair espectadores incautos. Aqui vale lembrar o primeiro diretor geral da BBC, John Reith, dizendo já na década de 1920 que "uma coisa é uma audiência inteligente sendo insultada. Outra coisa é uma audiência que não sabe que está sendo insultada".[7]

Outro argumento a favor do descontrole da televisão vem dos fascinados pelas novas tecnologias. Elas nos conduziriam ao melhor dos mundos – e isso ocorreria quando, em casa, diante de milhares de ofertas, o telespectador pudesse

---

6 BOURDIEU, Pierre. *Sobre a televisão*. Rio de Janeiro: Jorge Zahar, 1997, p. 96.
7 CASHMORE, Ellis. *...And there was television*. Londres: Routledge, 1994, p. 25. [Edição brasileira: *...E a televisão se fez*. São Paulo: Summus, 1999.]

montar a própria programação a partir do seu livre-arbítrio. É até possível que se chegue perto disso nos países do capitalismo central, com baixa concentração de renda e alta taxa de escolarização. Na periferia do sistema, porém, a tendência é oposta. A televisão por assinatura está ampliando o fosso que divide a população minoritária de alta renda da grande maioria sem recursos para ingressar no mundo do cabo ou do satélite. No Brasil, já é possível se falar em duas televisões: a dos ricos, segmentada e um pouco mais diversificada, e a dos pobres, aberta e monocórdica.

A situação chegou a níveis tão dramáticos que começou a provocar anticorpos. A sociedade brasileira, ainda que de forma fragmentada e tímida, tem dado demonstrações de descontentamento com essa situação. Pesquisa realizada pelo Instituto Datafolha revelou que 75% dos telespectadores querem um controle sobre as programações das TVs (*Folha de S.Paulo*, 9 nov. 1997). Nesse índice incluem-se conservadores ferrenhos, saudosos da censura prévia, e grupos de cidadãos preocupados com a amplitude do poder que as TVs vão adquirindo sobre a sociedade. É preciso ter clara essa diferença, porque os beneficiários do atual modelo gostam de confundir controle democrático com censura, o que não deixa de ser também totalmente falacioso. Hoje, quem exerce a censura são os concessionários dos serviços públicos de televisão e seus prepostos colocados em cargos de direção. São eles, e apenas eles, que decidem o que a sociedade quer ver e ouvir. Portanto, a luta não é pela volta da censura, uma vez que ela continua existindo. Saiu das mãos da polícia e caiu no colo dos "donos das emissoras", como os concessionários gostam de se auto-intitular.

São eles que impõem gostos e padrões à grande maioria dos brasileiros. "O Brasil se conhece e se reconhece pela televisão, e praticamente só pela televisão, que reina absoluta sobre o público nacional, com um peso muitas vezes superior ao dos outros veículos."[8] Estima-se hoje em mais de 40 milhões o número de domicílios com aparelhos de televisão no Brasil (a Pesquisa Nacional por Amostragem de Domicílio do IBGE de 1995 indica a existência de 38,9 milhões de domicílios com televisão no país)[*].

Mas apesar de toda essa força e dos números de audiência exibidos pelas emissoras, o público mostra-se descontente com o que recebe em casa. Outra pesquisa[9], realizada com jovens entre 14 e 20 anos, mostra que a maioria rejeita programas que "tiram sarro da cara das pessoas" e afirma que a "TV não se preocupa em informar, só em ganhar audiência". O dado mais importante do levantamento está na revelação de que os jovens mais críticos em relação à TV são os das camadas de renda mais baixas. Só 18% dos que têm renda familiar igual ou inferior a R$ 850 gostam de programas que ridicularizam as pessoas e exploram brigas e bate-bocas. Quando a renda sobe para a faixa de R$ 1.600 a R$ 2.500, o interesse por esses programas sobe para 23%, e quando chega a R$ 3.750 ou mais, a aceitação é de 28%. Uma das explicações possíveis para esses números é a percepção que o jovem de renda mais baixa tem da importância da TV como fonte complementar de informação, além da escola. Por isso ele encararia a televisão com maior seriedade, esperando dela programas que auxiliassem em sua formação, diferentemente

---

8 BUCCI, Eugênio. "Em busca dos direitos do telespectador". *Revista Online Observatório da Imprensa*, 20 jan.1997.

* Os números mais atualizados quando da publicação desta coletânea indicam 46.733.120 domicílios com televisão, em um universo de 51.752.528, de acordo com a Pesquisa Nacional por Amostragem de Domicílio do IBGE, de 2004.

9 O ESTADO DE S.PAULO. "Jovens da classe C rejeitam brigas na TV, diz pesquisa", Caderno 2, São Paulo, 17 nov. 1998, p. D1.

dos jovens de renda mais alta, para os quais a TV é apenas uma forma de lazer e entretenimento.[10]

Dados como esses vão formando a base que começa a sustentar o debate em torno da qualidade da televisão brasileira e da necessidade da criação de mecanismos democráticos de controle sobre sua programação. A tendência observada até aqui é da ampliação constante desse debate em foros distintos: no Congresso, na imprensa, nos colégios e universidades e em grupos organizados da sociedade civil. É essa discussão, amparada em pesquisas de opinião e em estudos científicos, que começa a formar a massa crítica necessária para reverter o quadro atual, no qual a televisão reina como um poder sem controle.

---

10 O ESTADO DE S.PAULO, *op. cit.*

EDUCAR PARA A TV

Duas crianças, um menino e uma menina, não deixam os pais em paz. Querem porque querem um cachorrinho. A cena, à mesa do jantar, é a primeira de uma seqüência de desenhos criados pelo cartunista Claudius Ceccon e mostrados no Encontro Latino-Americano sobre TV de Qualidade, promovido pelo Sesc e pelo Insititudo Goethe, em São Paulo, no mês de agosto.

Depois de tanta insistência, os pais cedem e o cachorrinho, recém-chegado, vira a alegria da casa. Ele é uma gracinha. Com seu jeitinho, diverte todo mundo. Aos poucos, seus caprichos vão aumentando. Livros rasgados e roupas fora do lugar são algumas das artes que o bichinho cada vez mais crescido adora fazer. Exige passeios pela rua, impõe suas vontades... Até que, no último desenho, quem não cabe mais no apartamento é a família. O cachorro, agora um cachorrão, ocupa todos os espaços. Da rua se vê seu corpo ocupando todas as janelas. E a família, acuada, espremida num canto.

Há melhor imagem sobre a história da TV em nossas casas? Aquela caixinha de diversões e informações que, no começo, ainda dividia seu espaço com conversas, livros, cinema, revistas e jornais, tomou conta de tudo. E não apenas em casa. Ela penetra hoje em todos os poros e frestas da sociedade. Dita hábitos, muda comportamentos, impõe padrões de linguagem, faz e desfaz na política.

Estamos diante de um fenômeno novo, e ainda meio atônitos com o poder que ele tem. Mas as respostas começam a surgir. A televisão passou a ser assunto de seminários acadêmicos, debates em sindicatos e organizações profissionais. O tema chegou ao rádio e à própria TV — restrito, é claro, às emissoras culturais, universitárias e comunitárias. O Senado já criou uma comissão permanente para tratar do assunto, e o poder Executivo, pressionado pela sociedade, está pedindo aos concessionários de canais de televisão que elaborem códigos de ética capazes de estabelecer algum limite para o conteúdo da programação.

Ao mesmo tempo e sem muito alarde, o próprio Executivo vai elaborando uma nova Lei de Comunicação Eletrônica de Massa para substituir o atual Código Brasileiro de Radiodifusão, em vigor desde 1962. É preciso estar atento a essa discussão. Se depender dos concessionários, a nova lei, que ainda não foi enviada ao Congresso, passará longe da questão do conteúdo dos programas, limitando-se a estabelecer normas técnicas de funcionamento. A sociedade tem o direito de participar da elaboração dessa lei. Afinal, as emissoras de TV usam ondas eletromagnéticas públicas, que são concessão do Estado.

O debate mais importante, porém, está nas salas de aula. É cada vez maior o número de alunos de escolas de 1º e 2º graus envolvidos com trabalhos sobre a televisão. E multiplicam-se as palestras de especialistas, ouvidos atentamente por jovens que não escondem o desconforto de ser submetidos a uma programação de TV tão pobre e com tão pouca criatividade. E quanto menor a renda familiar desses jovens, maior o desconforto. A televisão, que para eles poderia ser uma janela para um mundo melhor, acaba simplesmente reproduzindo a conhecida violência do cotidiano.

Debates, palestras e trabalhos escolares sobre a televisão são fundamentais para mudar o atual estado de coisas. A bibliografia sobre o assunto ainda é pequena, mas há textos preparados por especialistas de diferentes áreas que podem servir de apoio para as discussões. O importante é que os alunos dessacralizem a televisão e comecem a perceber que ela não é um ser superior, um "grande irmão" absoluto e intocável. Educar para a TV é, sem dúvida, um dos maiores desafios que pais e professores têm pela frente nos dias de hoje.

(outubro de 1999)

TIA QUERIDA

Não sei quando começaram a chamar professora de tia. No meu tempo de aluno, não havia isso – e pessoalmente não gosto. Acho que banaliza um laço familiar importante, ao mesmo tempo que reduz o caráter profissional que deve haver na relação professor–aluno.

Mas acredito nas boas intenções. Ninguém chama uma pessoa de tia para ofender; ao contrário: é um tratamento carinhoso, afetivo. Um jeito de levar relações familiares para a escola. E quando a tia deixa de ser uma pessoa e passa a ser uma instituição, o carinho e o respeito tornam-se ainda maiores. Afinal, não é fácil chamar, por exemplo, uma emissora de televisão de tia. Mas é exatamente isso que ocorre na Inglaterra. A BBC é a "tia" de muitos ingleses. Eles se referem a ela como tia nas conversas no *pub*, no debates no Parlamento e a toda hora na imprensa.

É como se a BBC fosse alguém da família, ou uma professora querida. Mas chegar a esse grau de intimidade não foi fácil. No início, lá pelos anos 1920, quando só existia o rádio, havia também muita desconfiança. Apesar de ser uma emissora pública, mantida pelos ouvintes, muita gente acreditava que a BBC era mais uma voz do governo do que dos cidadãos. Por mais cruel que possa parecer, foi preciso uma guerra para desfazer essa imagem.

A BBC trouxe para casa a voz dos soldados que estavam nas trincheiras e levou para eles a palavra de suas famílias.

E fez mais. Um milhão de crianças deixaram Londres para fugir dos bombardeios aéreos. Foram para o interior do país, para os Estados Unidos, chegaram à Austrália. Mais uma vez a BBC aproximou pais e filhos pelas ondas do rádio. Não há família que esqueça isso. Sem falar no noticiário da noite, ouvido religiosamente às nove horas em quase todos os lares do país.

Os laços de respeito à tia permanecem vivos até hoje. Mas se a guerra foi importante para essa aproximação, sem uma programação cuidadosa, séria e respeitosa o amor teria acabado logo. Se a BBC pusesse no ar os "Ratinhos" ingleses, a tia já teria virado madrasta há muito tempo. E é bom lembrar que quem mantém a BBC é o público. Ela não recebe um centavo do governo. Cada domicílio com TV paga o equivalente a 200 reais por ano para manter a tia[*].

Será que no Brasil estaríamos, por exemplo, dispostos a fazer isso pela TV Cultura? Seria, sem dúvida, a única forma de torná-la independente do Estado, que quando quer fecha as torneiras do Tesouro e deixa nossa televisão pública à míngua. Ou livrá-la da propaganda que transforma o cidadão-telespectador em um simples consumidor.

A cultura do país e a falta de dinheiro generalizada impedem, pelo menos agora, a implantação de um modelo semelhante ao inglês. Mas nem por isso devemos ficar de braços cruzados. É preciso descobrir fórmulas capazes de livrar a emissora das amarras do governo e da propaganda. Aquela idéia, que não foi para frente, de cobrar alguns reais a mais de determinadas contas de energia para manter nossa TV pública era interessante.

---

[*] Em julho de 2006 o valor da licença anual era de 131,5 libras, o equivalente a 540 reais.

É preciso criatividade para encontrar outras soluções. Pense nessa: não é concebível que os concessionários dos serviços de rádio e televisão comerciais (Globo, Silvio Santos e cia.) usem o espectro eletromagnético, um bem natural, público e limitado, sem pagar nada, ou, em algumas das novas concessões, pagando valores irrisórios. Está na hora – aliás, com muito atraso – de tornar essas concessões de fato onerosas. A sociedade não pode ter seus bens comuns apropriados por particulares que deles tiram proveito sem nenhuma contrapartida. E esse pagamento geraria um fundo capaz de manter uma eficiente rede pública de televisão. É só uma questão de justiça. Quem lucra usando bens públicos deve manter serviços públicos. Que tal pensarmos um pouco nessa idéia?

A TV Cultura, apesar de todos os percalços desses seus 30 anos de vida, já conquistou um lugarzinho no coração dos telespectadores. Em qualquer pesquisa de opinião ela é citada como exemplo de qualidade. E, quando tem algum dinheiro, faz programas capazes de incomodar a audiência das emissoras comerciais. Há alguns anos, a faixa infantil do final da tarde chegou a dar 12 pontos de audiência, levando o SBT a melhorar a programação naquele horário.

Com recursos vindos do aluguel das concessões públicas exploradas pelas emissoras comerciais, a TV Cultura pode mudar para melhor não só a própria programação como a de toda a televisão brasileira. E assim não haverá necessidade de nenhuma guerra para que ela vire nossa tia querida.

(novembro de 1999)

LIVROS QUE AJUDAM A VER TV

Minha correspondência eletrônica aumenta muito no final do ano. São estudantes às voltas com trabalhos escolares de fim de semestre, desesperados em busca de textos que os ajudem a cumprir seus deveres. Eles têm de escrever sobre televisão e deparam com uma bibliografia muito pobre, especialmente em português. Tento ajudá-los, indicando alguns textos que conheço e que são acessíveis.

Há nessa história, como em quase todas, um lado bom e outro ruim. Comecemos pelo primeiro. É um grande avanço termos um número cada vez maior de jovens se interessando por discutir televisão. Essa parece ser a base de qualquer ação de longo prazo para melhorar a qualidade dos programas e acabar com a violência na tela. Aqui cabe lembrar o trabalho do professor alemão Jo Groebel, chefe do Departamento de Psicologia da Mídia da Universidade de Utrecht, na Holanda. Ele coordenou uma pesquisa para a Unesco sobre os efeitos da violência exibida pela TV no comportamento infantil. Foram ouvidos meninos e meninas de 12 anos, em 23 países, entre eles o Brasil, durante dois anos. As conclusões não foram nada animadoras.

A pesquisa mostrou que a televisão é mesmo a maior fonte de informação e entretenimento da maioria das crianças, promovendo a cultura da agressividade e ajudando a criar a imagem de que a violência é normal, divertida e recompensável. Como resposta a essa situação, o professor

Grobel diz que "as crianças deveriam aprender na escola a lidar com a violência na mídia e a refletir sobre ela porque, muitas vezes, elas vêem a realidade como um espelho da televisão". É bom saber que muitos professores no Brasil já estão seguindo esse conselho, estimulando o debate nas salas de aula.

O lado ainda negativo da história é a falta de trabalhos mais aprofundados que auxiliem a discussão. A universidade levou muito tempo para perceber que a TV era um fenômeno social importante. Quando surgem trabalhos de fôlego sobre o assunto, devemos saudá-los e difundi-los. Dois sociólogos importantes resolveram enfrentar o desafio: Pierre Bourdieu na França e Octávio Ianni no Brasil.

Bourdieu publicou um livro chamado *Sobre a televisão*, que merece estar na bibliografia de qualquer curso que pretenda discutir criticamente a TV. Ele entra no debate atual travado aqui no Brasil em vários momentos. Vou citar apenas um, que trata da transformação dos telejornais em *shows* de variedades. Os bichinhos que o *Jornal Nacional* gosta de tornar notícia são para Bourdieu "fatos ônibus", assuntos que não chocam, não envolvem disputas, não tocam em nada de importante. Mas se o tempo na televisão é tão precioso, pergunta o autor, por que ocupá-lo com futilidades? Bourdieu conclui "que essas coisas fúteis são de fato muito importantes na medida em que ocultam coisas muito preciosas". Está aí um excelente mote para um debate na sala de aula sobre o que é notícia na televisão.

Ianni, num texto publicado pela Unicamp*, vê a televisão como "O Príncipe Eletrônico" (esse é o título do trabalho), mostrando que está havendo um deslocamento radical do

---

* Versão revista do texto foi publicada em IANNI, Octavio. *Enigmas da modernidade-mundo*. Rio de Janeiro: Civilização Brasileira, 2000, pp. 129-166.

lugar da política na sociedade contemporânea. *O Príncipe* de Maquiavel, do século XVI, que inaugura o pensamento político moderno, sintetiza o que é específico da política. O mesmo faz Gramsci, no começo do século XX, mas para ele a síntese deixa de ser feita pelo Príncipe e passa para as mãos do partido. E, no fim do século, Ianni nos provoca com a idéia de que "o Príncipe Eletrônico pode ser visto como o intelectual orgânico dos grupos, classes ou blocos de poder dominantes, em escala nacional e mundial".

Com textos assim, o debate sobre o papel social da TV ganha mais consistência. Com eles, nossas discussões se enriquecem, desvendando uma realidade que não passa pela telinha, mas que está na lógica da elaboração dos produtos que chegam às nossas casas.

(dezembro de 1999)

REFERÊNCIAS BIBLIOGRÁFICAS

BOURDIEU, Pierre. *Sobre a televisão*. Rio de Janeiro: Jorge Zahar, 1997.

IANNI, Octávio. "O Príncipe Eletrônico". *Cadernos Primeira Versão*, nº 78. Instituto de Filosofia e Ciências Humanas da Unicamp, Campinas, 1998.

UMA BOA IDÉIA ESTÁ NO AR

Finalmente surge uma boa notícia no mundo da televisão brasileira. Está nascendo uma rede alternativa de televisão aberta, a Rede Pública de TV. Formada por emissoras vinculadas a fundações, governos estaduais e universidades federais, a nova rede dá seus primeiros passos animada com a possibilidade de buscar recursos no mercado publicitário.

No final de novembro, seus dirigentes, que constituíram a Associação Brasileira de Emissoras Públicas Educacionais e Culturais (Abepec), estiveram reunidos durante dois dias em Belém do Pará discutindo o futuro da rede. O clima não poderia ser melhor. Na mesma semana, a TV Cultura de São Paulo havia vencido nos Estados Unidos o Prêmio Emmy, considerado o Oscar da televisão, por uma programação dedicada ao Dia Internacional da Criança que ficou 18 horas seguidas no ar.

A TV Cultura é responsável por grande parte das seis horas diárias da programação transmitida pela rede, ao lado da TV Educativa do Rio de Janeiro. Mas, aos poucos, programas produzidos por outras emissoras começam a entrar no horário nacional, estimulando produções regionais. No início do ano, as lendas e mistérios da Amazônia serão contados numa série infantil produzida pela TV Cultura do Pará.

A Rede Pública de TV está no ar desde setembro. São 26 estações geradoras e 938 retransmissoras, que podem atingir um público potencial de 98 milhões de pessoas – números superados apenas pelas três maiores redes de televisão comercial do país: Globo, SBT e Bandeirantes.* Grandeza que faz aumentar muito a responsabilidade sobre o produto que é colocado no ar.

O presidente da Abepec, Jorge da Cunha Lima, definiu o papel da rede como o da busca de "uma geografia social, oposta à geografia de mercado" operada pelas emissoras comerciais. A aposta é em torno de uma programação de qualidade, capaz de atrair o telespectador pelo seu bom gosto ético e estético, buscando-o em qualquer parte do Brasil, mesmo nas regiões de baixo interesse comercial. Se conseguir isso, a Rede Pública de TV estará assumindo um papel civilizador na televisão brasileira. Ela mostrará ao público que é possível realizar programas atraentes sem agredir ninguém.

Mas para que tudo dê certo, torna-se necessário reforçar alguns cuidados. A publicidade não pode ser vista como a grande tábua de salvação do sistema. Ela pode ser aceita como uma das fontes de recursos, mas muito bem policiada. A Rede Pública de TV já tem uma política de comercialização que proíbe, por exemplo, mensagens com apelo erótico ou que estimulem diretamente o consumo. São normas que precisam ser seguidamente lembradas, para evitar que a ânsia de atrair anunciantes jogue a programação na vala comum da emissoras comerciais.

Outro ponto delicado é a relação com os governos. A Abepec pode contribuir para torná-la mais civilizada, mostrando que as emissoras devem se livrar dos vínculos políticos caso queiram realmente prestar um serviço público. Compromissos nacionais com a rede podem ser um forte

---

* Atualmente, a elas soma-se a Rede Record.

argumento dos dirigentes das emissoras para enfrentar pressões políticas em seus estados. Embora deva-se lutar para que, no futuro, essas emissoras deixem de ser parte do aparelho estatal e tornem-se de fato e de direito emissoras públicas, dirigidas por conselhos autônomos, capazes de representar única e exclusivamente a vontade da população.*

(janeiro de 2000)

---

* A Rede Pública de TV teve vida curta. Em julho de 2006 o *site* da Abepec informava que apenas os programas *Roda Viva*, *Mobilização Brasil*, *Via Legal* e *Doc TV*, além de duas faixas infantis, ainda eram transmitidas em rede.

UMA LEI PARA A TV

Chegou às minhas mãos a sétima versão do projeto da nova Lei de Comunicação Eletrônica de Massa. Para quem não sabe, ela deve substituir o atual Código Brasileiro de Radiodifusão, em vigor desde 1962*. De lá para cá, transformações culturais e tecnológicas mudaram a face do mundo, mas o Código resiste.

O falecido ministro Sérgio Motta, ao assumir o Ministério das Comunicações no primeiro governo FHC, prometeu enviar ao Congresso uma nova lei para o setor. Passaram-se cinco anos, o nível da televisão aberta baixou ainda mais e continuamos sem um instrumento legal capaz de pôr alguma ordem na casa.

Para a demora só há uma explicação. Os concessionários dos serviços de rádio e de televisão, que se apresentam como donos das emissoras, constituem um dos mais poderosos *lobbies* da nação e querem preservar de qualquer modo seu poder absoluto, sem qualquer tipo de controle. Para eles, como está, está bom. É por isso que o cidadão comum, ao tentar conseguir uma cópia do projeto da nova lei no Ministério das Comunicações, entra num jogo de empurra-empurra interminável e acaba saindo de mãos abanando.

---

* Ver "O retrocesso ministerial", p. 70.

O ministro atual, Pimenta da Veiga, prometeu a mim e à ex-deputada Marta Suplicy, pessoalmente, que o projeto seria amplamente debatido pela sociedade. Chegou a dizer que realizaria sete audiências públicas sobre a Lei, em sete capitais brasileiras. Isso foi no dia 17 de março de 1999. Até agora, só organizou um encontro para convidados especiais em Brasília, com a presença dos representantes das emissoras e sem o texto do projeto. Nada mais.

No finzinho do ano, Pimenta disse que ainda não enviou o projeto ao Congresso por se tratar de um assunto muito complexo. Pelo que se pode deduzir, a complexidade está nos altos interesses em jogo. A versão que chegou às minhas mãos é, com certeza, resultado de pressões dos concessionários dos canais de rádio e TV. Mas, ao que tudo indica, eles ainda não estão satisfeitos.

Há nesse rascunho a tímida idéia da formação de uma "comissão consultiva para propor o estabelecimento de, no mínimo, um sistema de classificação de programas que, após consulta pública, será colocado à disposição do usuário". É um pequeno avanço.

Diz também que o poder público deve "zelar pelo respeito aos valores éticos e sociais da pessoa e da família" (o que aliás já está na Constituição) e "estimular a auto-regulamentação entre as prestadoras de serviços e entre as provedoras de conteúdo, visando manter elevados os conteúdos artístico, cultural, ético e moral da programação". Ou "garantir ao público o direito de escolha do que ver e ouvir". Embora vagos e genéricos, são princípios que nunca apareceram na Lei e que devem estar tirando o sono de quem não quer limites para o poder da TV.

Quando o ministro finalmente cumprir a promessa e abrir a discussão, vamos saber quanto os *lobbies* conseguiram avançar. De outro lado, cabe à sociedade organizada participar do debate, onde e como for possível. A correlação final de forças é que vai determinar o grau de democracia da nova Lei.*

(fevereiro de 2000)

---

* O segundo mandato do presidente Fernando Henrique Cardoso terminou sem que um projeto de lei fosse enviado ao Congresso. Em 27 de abril de 2006, o presidente Luiz Inácio Lula da Silva constituiu, por decreto, um Grupo de Trabalho Interministerial para elaborar o projeto da Lei de Comunicação Eletrônica de Massa.

IMAGENS DISTORCIDAS

Um dos maiores atentados à verdade da história da televisão brasileira é a edição do debate Collor–Lula, mostrada no *Jornal Nacional* do dia 15 de dezembro de 1989. Um pouco antes, num debate anterior, Lula saiu-se bem e manteve a tendência de crescimento nas pesquisas, encostou em Collor e prometia uma disputa acirrada no pleito marcado para o domingo, dia 17. Mas no segundo debate ele fraquejou e seus assessores reconheceram que Collor havia mostrado mais firmeza, saindo-se melhor que o adversário.

No dia seguinte, o *Jornal Hoje*, na hora do almoço, mostrou uma edição do debate refletindo com exatidão o que aconteceu: uma vitória de Collor por pontos. O dono da Globo não gostou. Ele queria que sua emissora definisse com antecedência o vencedor das eleições e exigiu que no *Jornal Nacional*, à noite, uma nova edição do debate mostrasse uma vitória de Collor por nocaute fulminante. Ordens cumpridas, Collor eleito.

Infelizmente não foi isso que li durante as férias no livro *Notícias do Planalto,* do ex-diretor de *Veja* Mário Sérgio Conti. Confessando-se amigo do dono da Globo, a ponto de ser homenageado por ele com um jantar na mansão do Cosme Velho, o autor diz apenas que "Roberto Marinho mandou que se refizesse a compactação para evidenciar que Collor vencera". Se quisesse, poderia ter dito, como fez o jornalista Paulo Henrique Amorim, na época editor de economia da Rede Globo, na revista *CartaCapital:* "O dr. Roberto não gostou da edição do *Hoje* e mandou o *Jornal Nacional* dar tudo que fosse bom para o Collor e tudo que fosse mau para o Lula".

Trata-se de um livro perigoso. Ele distorce, com muita competência, episódios recentes da história brasileira. A ponto do jornalista Mino Carta, na mesma *CartaCapital*, dizer que a versão do debate "conhecida até ontem" foi "amavelmente reformulada a favor do dono da Globo em *Notícias do Planalto*" e que "o ex-diretor da *Veja* presta-se ao serviço de escrever a história para os seus patrões passados e futuros".

Que isso sirva de alerta para quem já leu ou pretende ler o livro. É preciso manter um pé atrás em tudo que está dito ali. Até a morte de PC Farias e de sua namorada continua sendo tratada como crime passional seguido de suicídio, apesar de todas as evidências contrárias já publicadas. O que torna o livro mais perigoso é sua possível utilização como material de apoio didático. Professores que quiserem utilizá-lo devem fazê-lo com muito senso crítico, confrontando suas informações com outras fontes. Uma delas, bem mais séria e rigorosa, é a do professor Emiliano José, da Universidade Federal da Bahia, que escreveu sobre o mesmo período o livro *Imprensa e poder: ligações perigosas*.

Mas para sair do baixo-astral a que nos conduz o livro de Conti, o melhor mesmo é fazer como fiz na férias: correr para *Ela é carioca*, do Ruy Castro. Lá voltamos à época dourada de Ipanema e nos defrontamos com personagens como Geraldo Casé (pai da Regina), "uma das glórias da televisão brasileira". Entre suas realizações estão programas como *Noites de Gala, Concertos para a Juventude* e *Sítio do Pica-Pau Amarelo*. Hoje, em vez deles temos *Fantástico, Linha Direta* e *Planeta Xuxa*.

Como explicar tamanha queda de nível? Talvez algum dia outro Conti (ou ele mesmo) escreva *Notícias da televisão* e nos dê uma versão suave para a barbárie que se implantou na TV brasileira.

(março de 2000)

OLHAR DE ESTUDANTE

A professora Solanger Gomes Strausz resolveu enfrentar um desafio. Propôs aos seus alunos de Português da 8ª série da Escola Vera Cruz, em São Paulo, a realização de um projeto para conhecer mais a fundo a televisão brasileira. A aceitação foi imediata e o trabalho se estendeu por todo o ano. Diante de uma bibliografia escassa, o jeito foi apelar para análises publicadas em jornais e revistas, ouvir diretores e produtores de programas e assistir televisão com olhos mais críticos.

O resultado foi melhor que o esperado. Mocinhas e rapazinhos descobriram, por exemplo, que existem "assuntos difíceis" para o telejornalismo global, como é o caso das notícias sobre os "sem-terra". Perceberam também como se montam as platéias dos programas de auditório e como se constroem tramas novelísticas destinadas a prender a audiência a qualquer custo. Mas descobriram também que a TV tem uma importante função social – especialmente no Brasil, onde a grande maioria da população só vê o mundo através da telinha.

O trabalho da professora Solanger não é único, mas ainda está isolado. Sem nenhuma ligação entre eles, educadores de várias regiões do país começam por iniciativa própria a colocar a televisão no debate de sala de aula. No Rio, a TV Educativa já está dando um passo maior, estabelecendo parcerias com universidades para a criação de disciplinas sobre "mídia e educação". Além disso, está lançando o projeto TVE na Escola, para "aproximar crianças e jovens do meio televisivo, a fim de que compreendam seus sistemas, estimulando a capacidade de leitura crítica do meio".

Na prática, a TVE oferece material para ajudar o debate sobre televisão, orienta professores no uso de programas que podem servir de suporte nas aulas e abre espaço em sua programação para vídeos produzidos nas escolas. Com isso, a televisão vai sendo dessacralizada. Deixa de ser uma máquina inacessível para se tornar um importante instrumento formativo e educativo.

Dois livros podem ajudar esse trabalho. Heloísa Dupas Penteado republicou *Televisão e escola – Conflito ou cooperação?*, um estudo do início da década de 1990 mas que, diante do estado da programação da TV brasileira, está cada vez mais atual. E Marcos Napolitano lançou o manual *Como usar a televisão na sala de aula*, com um roteiro de atividades para ajudar o professor a discutir televisão com os alunos.

Enquanto isso, tramita no Congresso Nacional um projeto de lei que, se aprovado, pode contribuir para a multiplicação de todas essas iniciativas. Trata-se da inclusão nos currículos do ensino médio e fundamental da disciplina "Introdução à Comunicação de Massa". O texto já foi aprovado pela Comissão de Educação do Senado e aguarda leitura no plenário da Câmara dos Deputados. Em sua justificativa o autor, Senador Geraldo Cândido (PT-RJ), diz que "existe uma brecha entre a preocupação da sociedade com a educação formal e o modo como os chamados veículos de comunicação exercem sua função educadora" e que é necessário entender o funcionamento e a função social desses meios como "um fator fundamental para a compreensão da realidade".*

É o que já estão fazendo por iniciativa própria as professoras Solanger e Heloísa, o professor Marcos, a TVE do Rio e tantas outras pessoas e instituições pelo Brasil afora, preocupadas em criar telespectadores críticos capazes de contribuir com o trabalho de recuperação da função social da TV.

(abril de 2000)

Apresentado em plenário em janeiro de 2000, o projeto de lei nº 2.293/2000 foi arquivado em junho do mesmo ano após o parecer negativo do relator, deputado Gilmar Machado (PT-MG). Ele argumentou que não se justificava a criação de uma disciplina específica sobre o assunto "Introdução à Comunicação de Massa" no currículo escolar da educação básica. Sua explicação: "De acordo com os novos pressupostos teóricos que norteiam a moderna concepção de currículo, entendemos que a temática 'Mídia e Educação' deva ser tratada de forma interdisciplinar e contextualizada, permeando as diferentes disciplinas do currículo já existentes, ensejando, portanto, a necessária interdisciplinaridade no ensino fundamental e médio". Além disso, o deputado acrescentou que era competência do Ministério da Educação, e não do Legislativo Federal, a elaboração de proposições para incluir novas disciplinas no currículo escolar de qualquer nível de ensino.

NASCE A MÁQUINA SUBVERSIVA

A televisão tem apenas um décimo da idade do Brasil. Enquanto a pátria comemora seus 500 anos, a TV em nosso país chega aos 50 em setembro. Mas nesse caso não houve descobrimento nem colonização, pelo menos no início. A televisão brasileira é praticamente contemporânea das emissoras norte-americanas e européias, o que lhe deu uma liberdade criativa nada desprezível.

Diferentemente dos Estados Unidos, onde a referência era o cinema, ou da Europa, onde o modelo era o teatro, no Brasil a televisão nasceu herdeira do rádio. Seus primeiros programas nada mais eram do que o rádio televisionado. A segunda emissora fundada em São Paulo, a TV Paulista, transmitia diariamente na hora do almoço o *Programa Manoel de Nóbrega*, um sucesso dos auditórios da Rádio Nacional. Os comerciais eram lidos por um locutor que ficava muito vermelho ao falar e, por isso, era chamado pelos colegas de "o peru que fala". Seu nome: Silvio Santos. Improviso total, mas muita criatividade. Sem modelos externos, a TV brasileira criou seus padrões e se consolidou como uma das mais importantes do mundo.

A raiz desse processo pode ser encontrada no discurso de Assis Chateaubriand pronunciado na solenidade de inauguração da TV Tupi de São Paulo, em 18 de setembro de 1950. Ele representa para a televisão brasileira o que a carta de Caminha representou para a nação. Vale a pena ser lembrado:

"Esse transmissor foi erguido com a prata da casa, isto é, com os recursos de publicidade que levantamos, sobre as Pratas Wolff e outras não menos maciças pratas da casa; a Sul América, que é o que pode haver de bem brasileiro, as lãs Sams, do Moinho Santista, arrancadas ao coiro das ovelhas do Rio Grande, e, mais do que tudo isso, o guaraná Champagne da Antarctica, que é a bebida dos nossos selvagens. O cauim dos bugres do pantanal mato-grossense e de trechos do vale amazônico. Atentai e verei mais fácil do que se pensa alcançar uma televisão: com Prata Wolff, lãns Sams bem quentinhas, Guaraná Champagne borbulhante de bugre e tudo isso amarrado e seguro no Sul América, faz-se um *bouquet* de aço e pendura-se no alto da torre do Banco do Estado, um sinal da mais subversiva máquina de influenciar a opinião pública – uma máquina que dará asas à fantasia mais caprichosa e poderá juntar os grupos humanos mais afastados."*

O sociólogo Renato Ortiz considera esse discurso "uma bela peça do surrealismo político latino-americano", reconhecendo que ele pode ser lido de várias formas. Uma delas é a busca de patrocinadores para um veículo que ainda não tinha público, outra é a idéia da formação da nacionalidade brasileira por meio de uma "máquina subversiva". A diferença básica entre Caminha e Chateaubriand é que o fundador da televisão brasileira vê o novo sem referências externas. Ainda não existe outra televisão. Tudo está para ser feito. O resultado dessa abertura total é o surgimento de uma televisão única, que logo depois de sua fundação incorpora à herança radiofônica os avanços que já vinham sendo alcançados pelo teatro e pelo cinema brasileiros.

---

* Citações de SIMÕES, Inimá. *TV Tupi*. Rio de Janeiro: Funarte, s.d., reproduzidas por ORTIZ, Renato. *A moderna tradição brasileira*. São Paulo: Brasiliense, 1998, p. 59.

Nascem programas como o *TV de Vanguarda*, o *Grande Teatro Tupi*, o *Sítio do Pica-Pau Amarelo*. Brecht, Lorca, Shakespeare e Monteiro Lobato estão na tela. As emissoras Tupi, Rio e Excelsior criam o padrão brasileiro de televisão. São as raízes de nossa TV que parecem estar sendo esquecidas nas comemorações dos 50 anos da televisão brasileira. Assim como os índios e os negros estão fora das festas dos 500 anos.

(junho de 2000)

PÉS DE BARRO

O primeiro aparelho de televisão que entrou em minha casa, lá no início dos anos 1950, foi um Invictus. Chamava atenção não só pelo que mostrava na tela, mas pelo seu desenho, arrojado para a época. A maioria dos aparelhos ainda estava embutida em móveis pesados que, além da TV, davam suporte a radiovitrola, livros, bibelôs. O Invictus não: sua sustentação era feita por apenas quatro pés que se atarrachavam na base do aparelho. E ele ficava firme, mostrando, ainda que com alguns chuviscos, os primeiros passos da televisão brasileira.

Se os pés do aparelho eram sólidos, o mesmo não se pode dizer dos pés sobre os quais foram sendo montadas as emissoras de televisão. Alguns, de tão frágeis, até quebraram (Tupi, Manchete, Excelsior). Outros estão bambos. Dois pares de pernas estão balançando: os do SBT e os da Rede Pública de Televisão. Já saudei esta última como promissora alternativa para as redes comerciais.* Santa ingenuidade. Com o veto do secretário da Comunicação do Governo Federal, Andrea Matarazzo, a uma entrevista do líder do MST, João Pedro Stedile, nas TVs Educativas do Rio e de Brasília, os pés da rede pública tremeram. Os limites da liberdade na democracia atual ficaram bem claros e trouxeram à memória os piores tempos da censura imposta pelo regime militar.

* Ver "Uma boa idéia está no ar", p. 32.

No SBT, a situação não é assim tão explícita, mas nem por isso deixa de ser menos comprometedora para a solidez do modelo de televisão existente no país. Em maio, a *Folha de S.Paulo* publicou carta escrita pelo próprio concessionário da emissora, Silvio Santos, dirigida à desembargadora Therezinha Cazerta, do Tribunal Regional Federal, onde corre a ação pedindo o fim da Tele Sena. O empresário e apresentador de televisão confessa, pela primeira vez, que criou essa modalidade de captação de recursos para cobrir prejuízos do SBT e que sem ela a emissora iria à falência.

A acusação, no entanto, diz tratar-se de um jogo disfarçado de plano de capitalização. E a própria desembargadora não ficou sensibilizada com a carta do apresentador-empresário. Em seu voto, afirma que "a Tele Sena é ilegal e lesiva à moralidade administrativa. Na verdade só enriquece o senhor Silvio Santos". O voto do desembargador Newton de Lucca, relator do processo, foi na mesma linha, justificando que a Tele Sena "não cria poupanças" e que se vale do "apelo lúdico dos sorteios", realizados pelo "homem de vendas mais prestigiado da TV brasileira".*

É esse dinheiro que mantém no ar a segunda rede de televisão do Brasil, o que explica o tipo de programação exibido. O que importa é vender, atingir o consumidor; o resto – cidadania, responsabilidade social – é bobagem. Se os pés de nossas televisões não se tornarem mais sólidos, sem se apoiarem em governos ou na submissão aos anunciantes de todos os tipos, a programação continuará servindo para rebaixar ainda mais o precário grau de civilidade existente no país.

(setembro de 2000)

---

* A ação judicial contra Silvio Santos já ultrapassa 14 anos, e, apesar dos constantes pareceres desfavoráveis na esfera legal, a Tele Sena continua. Os carnês do jogo podem ser encontrados nas Lojas do Baú, casas lotéricas e agências dos Correios.

CHEGAMOS AO LIMITE

O nome do programa não poderia ser melhor: a Globo chama de *No Limite* a cópia brasileira da bisbilhotagem eletrônica que tem levado para a frente da televisão milhões de pessoas em todo o mundo. A versão espanhola, num determinado dia, teve 12 milhões de espectadores, batendo em audiência a transmissão de um jogo da seleção de futebol do país. O sucesso de público se repetiu na Alemanha, Holanda e nos Estados Unidos. O Brasil não poderia ficar atrás.[*]

A fórmula é tão simples quanto perversa. Coloca um grupo de cidadãos comuns para viver um cotidiano artificial diante das câmeras. Exibicionismo e, principalmente, prêmios valiosos são as recompensas de quem participa. Curiosidade mórbida e uma forte dose de identificação prendem os telespectadores diante do espetáculo.

A televisão começou tornando públicas pequenas desavenças e alguns dramas familiares. Conquistou a audiência de telespectadores que, em seu cotidiano, entreabriam as janelas e pelas frestas assistiam às brigas dos vizinhos. A tevê escancarou as janelas nos programas de auditório, atiçando o que de mais perverso existe no ser humano: o prazer de se deliciar com a desgraça alheia.

---

[*] Exibido nas noites de domingo, após o *Fantástico*, *No Limite* foi o grande sucesso da televisão brasileira em 2000. A Globo obteve média de 50 pontos e pico de 56 com o programa. *No Limite* teve outras duas edições até 2001, quando, com baixa audiência, foi descartado pela emissora. Em fevereiro de 2002, a Globo estreou o *Big Brother Brasil*.

Como se isso não bastasse, agora foi mais longe. *No Limite* chega aos limites da condição humana, indo buscar audiência na estreita faixa que separa o homem da natureza. Não por acaso a versão da CBS norte-americana chama-se *Survivor*. Trata-se da luta pela sobrevivência de um grupo de candidatos a prêmios que chegam até a comer ratos para driblar a fome numa ilha tropical do Mar da China. No *Big Brother*, a outra versão internacional do programa, a curiosidade gira muitas vezes em torno das possibilidades eróticas abertas pelas condições em que se encontram os participantes.

Essa é a receita. Saímos da cultura e entramos na natureza. São programas que contribuem para romper a fronteira que, na nossa sociedade, separa o público do privado.

Mais uma vez a televisão capta um aspecto do real, transforma-o segundo seus critérios e devolve ao público um novo e bem elaborado produto. A busca de dinheiro – ou apenas de simples exibicionismo – já há algum tempo vem levando aventureiros e aventureiras a relatar suas experiências mais íntimas a revistas e jornais. A televisão, sempre atenta às oportunidades de lucro, pegou o filão e empurrou para mais longe os limites da privacidade.

O sucesso nos Estados Unidos, com a concorrência desenfreada, era previsível. Na Europa só está sendo possível nos países em que o serviço público de TV sucumbiu diante da onda de privatização das emissoras. E, no Brasil, copia-se rapidamente o que dá lucro imediato. Bons documentários, peças teatrais exemplares, programas infantis criativos da televisão internacional não são copiados com a mesma agilidade. E parecia que com o Ratinho já tínhamos chegado no limite...

(outubro de 2000)

TELEVISÃO COM HORÁRIOS

"**Já é hora** de dormir/não espere a mamãe mandar/um bom sono pra você/e um alegre despertar." E aí vinham as simpáticas mensagens comerciais do leite Paulista e dos cobertores Parayba. Estávamos no começo da televisão brasileira, e a Tupi, líder de audiência, ajudava os pais a mandar os filhos para a cama. Depois disso, às nove da noite, vinha a programação para os adultos. Uma forma simples e agradável de resolver o problema da classificação dos programas por faixa etária.

Claro que a sociedade tinha lá seus crimes e mazelas, mas a televisão ainda não havia transformado o lixo social em espetáculo. Entramos depois nos longos anos de censura, quando o veículo paradoxalmente podia "ocultar mostrando", como diz Bourdieu no livro *Sobre a televisão*. A TV mostrava o irrelevante, o desnecessário socialmente, para ocultar o aprofundamento da desigualdade, as raízes da violência em rápido crescimento, a deterioração urbana. E fez isso com tanto gosto que se acostumou. A censura oficial foi embora, mas o hábito ficou.

Sem censura, os concessionários dos serviços públicos de rádio e televisão acham que estão livres para colocar no ar tudo que lhes vêm à cabeça e, obviamente, possa dar mais dinheiro. A violência sem explicações, os apelos à sexualidade precoce, tudo vira espetáculo. E qualquer voz que peça pelo menos um pouco mais de cuidado com as nossas crianças é taxada de censura. Como no caso da recente portaria do Ministério da Justiça que obriga as emissoras de televisão a exibirem o horário e a faixa etária permitida para a exibição dos programas.

A decisão tem como referência uma pesquisa realizada no Brasil com financiamento da Unesco. A maioria dos entrevistados (68%) entende que a televisão influencia na formação de crianças e jovens. Trinta por cento acreditam que a televisão ajuda na educação e 41% dizem que ela atrapalha. Desses, 42% apontam como principal problema o fato de "atrapalhar o horário dos estudos e fazer com que não queiram estudar". Entre os programas considerados inadequados, 52% dizem que são as novelas, 51% os filmes e 34% os programas policiais.

A fase qualitativa da pesquisa mostrou forte rejeição a programas que incentivam a apresentação de imitadoras de Xuxa e Carla Perez, assim como aqueles que se utilizam de "meninos imitando Michael Jackson". Foi revelada uma grande preocupação com essa formas de estímulo à sensualização das crianças, o que tenderia a estimular a sexualização precoce e a pedofilia.

Diante desses e de outros dados alarmantes, a simples classificação dos programas por faixa etária ainda pode ser considerada um passo tímido na busca de uma melhor qualidade para a televisão brasileira. Mas, de qualquer forma, devemos reconhecer que só o fato de o poder público se mostrar sensibilizado com o assunto é um alerta aos concessionários de televisão de que para tudo há limites.

(novembro de 2000)

A VOZ DO TELESPECTADOR

Essa história é boa. Uma emissora de televisão tirou um programa de grande audiência do ar. O número de telespectadores no horário despencou. E, apesar de todas as pressões, que envolveram até as mais altas autoridades do país, ela se nega a transmitir o programa de novo no mesmo horário. Tudo em nome de uma grade de programação mais racional, em que filmes e teleteatros não precisem ser interrompidos por um telejornal (o tal do programa sacrificado). O caso quase chegou aos tribunais.

É claro que isso não aconteceu no Brasil, onde a única medida para a televisão é a audiência. Foi na Inglaterra, e a vítima, o *News at Ten*, o telejornal mais importante da rede comercial ITV. Apresentado por um âncora competente e carismático de origem caribenha, sir Trevor Mac Donald, o noticiário disputava prestígio e credibilidade com o lendário *Nine o'Clock News*, transmitido às nove da noite pela BBC.

E se permitia sacadas ótimas, como a que ocorreu quando o governo francês estava pronto para aprovar uma lei restringindo o uso da língua inglesa em locais públicos. A matéria, bem produzida e realizada do outro lado do canal da Mancha, era o fecho do jornal de um determinado dia. Depois de várias entrevistas com franceses defendendo ardorosamente o seu idioma, Trevor Mac Donald não teve dúvida: encerrou o programa com sorriso quase imperceptível no canto da boca e um solene *au revoir*.

Ao mudar o nome do jornal para *ITV Nightly News*, trocar de apresentador e passar a transmiti-lo às onze da noite, a emissora perdeu cerca de 1,3 milhão de telespectadores. Em compensação, seus filmes ou teleteatros iniciados às nove horas deixaram de ser interrompidos pelo noticiário das dez, dando aos produtores da ITV mais flexibilidade no manejo da grade de programação do horário nobre.

O órgão regulador da televisão comercial britânica, a Independent Television Comission (ITC), não quis saber desses argumentos e saiu em defesa dos telespectadores órfãos do *News at Ten*, exigindo a volta do telejornal das dez. Pouco antes de o caso ir para os tribunais, chegou-se a um acordo.

O *News at Ten* volta para as dez horas, mas só de segunda a quinta-feira. Na sexta, ele é exibido às onze. Para complicar um pouco mais as coisas, a ITV pode transmitir o jornal depois das dez horas, em outro dia da semana a sua escolha. Políticos, entre eles o primeiro-ministro Tony Blair, defendiam a volta pura e simples do programa para o seu horário original; muitos deles consideram a solução "um acordo de má qualidade".

De qualquer forma, esse debate público sobre a televisão é de dar inveja. Aqui, os concessionários fazem o que querem com as programações e o telespectador não pode reclamar nem pro bispo. Afinal, ele também é um concessionário.*

(dezembro de 2000)

---

* Em 2003, a ITC e mais quatro órgãos reguladores da radiodifusão e das telecomunicações no Reino Unido foram unificados no Offcom (Office of Communications).

LIVROS À MÃO CHEIA

Quem andava reclamando da falta de livros sobre televisão agora não tem do que se queixar. No ano passado, a safra aumentou, no embalo das comemorações dos 50 anos da TV no Brasil. Alguns merecem atenção e podem ser úteis para quem vai trabalhar com o assunto em sala de aula neste ano letivo.

Vamos começar por um que não tem nada que ver com a efeméride, mas é o que trata mais diretamente da relação comunicação–educação. O título é *Comunicação e educação: a linguagem em movimento*, de Adilson Citelli (Senac, 260 págs.). O autor ressalta "a existência de um espaço que continua tendo papel fundamental nos processos educativos formais: a sala de aula. E isto com as implicações éticas, afetivas e intelectuais que marcam as relações entre professores e alunos".

Citelli faz um exautivo trabalho para mostrar como os meios de comunicação interferem nessas relações, apontando um "ponto de atração e resistência, adesão e crítica, [onde] existe um lugar privilegiado para que professores e alunos reflitam sobre o *slogan* publicitário, os programas de rádio, os noticiosos de televisão..." O livro é baseado numa pesquisa de campo que verificou como alunos e professores de 3ª, 5ª, 7ª e 8ª séries de escolas públicas da cidade de São Paulo estavam se relacionando com os veículos de comunicação e as novas tecnologias. Vale a pena conferir.

A festa do cinqüentenário não ficou apenas nos depoimentos entusiasmados dos que vêem a TV com pouca ou nenhuma crítica, como foi o caso do livro 50/50, de José Bonifácio de Oliveira. Silvia Borelli e Gabriel Priolli coordenaram uma pesquisa que resultou na publicação de *A deusa ferida* (Summus, 264 págs.), mostrando por que a Rede Globo perdeu 16,5 pontos de audiência ao longo dos anos 1990. Um dado que seria auspicioso, não fosse a mesmice da TV aberta no Brasil. Índices de audiência superiores a 50% tendem a ser perigosos para a democracia na medida em que monopolizam a circulação eletrônica de idéias e valores. Mas mesmo com a Globo dividindo um pouco mais seu espaço de audiência, não se pode dizer que a democracia se fortalece. Para isso seria necessário que as concorrentes tivessem programações diferenciadas, o que, infelizmente, não é o caso.

Ainda na linha crítica, um grupo de autores, incluindo este autor, oferece algumas entradas para a discussão da televisão no Brasil com o livro *A TV aos 50*. O coordenador do trabalho, Eugênio Bucci, lembra que "o pensamento crítico não deveria ser rechaçado como é, como se fosse uma argumentação inimiga e de má vontade. Ele é, ao contrário, parte indispensável de qualquer projeto cultural e democrático". Dessa forma podem ser lidos os artigos da psicanalista Maria Rita Kehl, do jurista Fábio Konder Comparato, do psicólogo Inimá Simões e da advogada Vera Lopes, entre outros.

Agora é esperar que novos livros surjam, independentemente de datas redondas. A televisão e a sociedade precisam deles.

(janeiro de 2001)

AULAS DE BRASIL

Que tal tornar nossas aulas mais alegres e criativas com a ajuda da televisão? Para isso é só ligar na TV Cultura aos sábados às dez da noite ou aos domingos às nove da manhã e gravar o programa *Viola, Minha Viola*, apresentado por Inezita Barroso. E depois mostrá-lo para alunos de português, história, geografia, música, folclore. Tenho certeza de que será um sucesso na classe, como é há vinte anos na emissora, com uma audiência próxima de 200 mil pessoas só na Grande São Paulo.

A raiz do Brasil industrializado está lá. Quando Inezita começou na televisão, nos anos 1950, metade da população ainda vivia no campo. As cidades começavam a crescer, inchar e criar uma cultura que tratava o meio rural com um certo desprezo, símbolo do atraso. A televisão passou a mostrar o caipira como um ser caricato, facilmente ridicularizável nos programas humorísticos. O moderno era o que vinha de fora, mesmo reciclado aqui dentro. Surgiu a "música sertaneja", com pouco sertão, altas doses de americanização e muito dinheiro. As ondas de consumo cultural nacionais e importadas foram expulsando da TV os artistas que ainda se preocupavam com as raízes da cultura nacional. Inezita era uma delas e resistiu.

Hoje, com 45 anos de carreira, 77 discos gravados e um número de músicas difícil de ser contabilizado, mas que deve estar perto de mil, ela continua dando espetáculos, esbanjando alegria e mostrando muita confiança nos artistas que surgem em todo o Brasil, comprometidos com a "música de raiz", como sempre faz questão de ressaltar. E assim desfilam em seu programa, aplaudidos com um carinho emocionado da platéia, os Quatro Irmãos, autênticos violeiros caipiras; Braz da Viola e sua Orquestra de Violas de São José dos Campos; a Folia Belo Norte de Minas e a Folia Boiadeira de Viradouro – que, como tantos outros, não deixam a peteca cair.

É um programa acima de tudo honesto. Diferentemente da maioria dos musicais de TV, sempre a serviço dos departamentos de venda das grandes gravadoras. É também muito simples, sem efeitos especiais e produzido com poucos recursos. Mas apesar das limitações é feito com competência. Ao assistir o programa e deparar com instrumentos musicais pouco comuns no meio urbano, o telespectador é logo informado, por legendas, do nome de cada um deles, do ritmo da música apresentada e do local da sua criação. Nada mais didático para uma sala de aula. Dessa forma, torna-se possível ver ou rever uma folia de reis do litoral paulista, uma apresentação do xote gaúcho, a guarânia, o arrasta-pé, o cateretê, a polca, a valsa brasileira...

Estão aí os motes para acender um debate alegre e profícuo sobre as raízes do Brasil. Com a música, o caminho para os livros torna-se mais fácil e convidativo – percurso traçado pela própria Inezita, que se tornou professora e pesquisadora do folclore brasileiro. E contribuirá, por certo, com o *Viola, Minha Viola* para enriquecer o ensino das nossas origens em muitas salas de aula brasileiras.

(fevereiro de 2001)

COM O PÉ NA UNIVERSIDADE

A universidade brasileira demorou, mas acabou abrindo as portas para a televisão. Foi um processo doloroso. Durante muito tempo os intelectuais torciam o nariz quando se falava no assunto. Seus objetos de estudo eram sempre mais abrangentes: as classes sociais, as estruturas de poder, as descobertas antropológicas. Quando se dedicavam à cultura, muitos liam Adorno fora do contexto e "trabalhavam a indústria cultural como um todo". A televisão, coitada, ficava lá dentro, espremida entre os signos do cinema, das artes plásticas e até da propaganda.

Mas chegou um momento em que não deu mais para fingir que a televisão não existia. Em meados dos anos 1980, começou a crescer o número de trabalhos acadêmicos produzidos sobre a TV brasileira. Exceção anterior brilhante é o livro de Sérgio Miceli, *A noite da madrinha* (Perspectiva), de 1972, uma análise sociológica do papel da televisão no "processo de unificação do mercado material e simbólico" no Brasil, tendo como referência empírica os programas de auditório, entre eles o de Hebe Camargo, sucesso de audiência já naquela época.

Se a Academia não via a televisão como objeto de estudo importante, setores da elite paulista admitiam o poder irresistível que o novo meio já impunha à sociedade. Ao saudar o surgimento da TV Cultura, o jornal *O Estado de S. Paulo*, por exemplo, dizia em 1967 que "um dos grandes problemas de ordem espiritual da população de São Paulo [...] prendia-se até há pouco ao baixo nível cultural dos programas de televisão, o veículo que está irremediavelmente participando do estilo de vida da maioria de nossa população"*.

Mas a maioria dos intelectuais ainda não percebia isso. O panorama só mudou quando as ainda recentes escolas de comunicação começaram a consolidar seus programas de pós-graduação. Foi a partir daí que timidamente a TV passou a fazer parte das linhas de pesquisa. Surgiram dissertações de mestrado e algumas teses de doutorado.

Mais recentemente é que apareceram núcleos e grupos de pesquisa voltados para os estudos da televisão em algumas universidades federais e na Escola de Comunicações e Artes da USP. Nela se constituiu com sucesso o Núcleo de Estudos de Telenovela, surgindo agora o Núcleo de Estudos de Televisão (NET), grupo acadêmico formado para analisar as relações entre a TV, o Estado e a sociedade brasileira. A televisão será vista não apenas como produtora de imagens, mas como uma instituição social com força suficiente para influir nos rumos políticos do país.

O NET pretende ir além da pesquisa. Quer ser também gerador de modelos educacionais voltados para a compreensão da televisão como fenômeno político, colaborando com o trabalho de professores do ensino fundamental e médio. Ao mesmo tempo, espera dialogar com a sociedade, apontando novos caminhos para a TV no Brasil. Que iniciativas assim se multipliquem para o bem geral da nação.

(março de 2001)

---

* "Educação pela TV". *O Estado de S. Paulo*, 9 ago. 1967. Citado em LEAL FILHO, Laurindo Lalo. *Atrás das câmeras*. São Paulo: Summus, 1988, p. 22.

ENSINO DEBOCHADO

Escola é coisa séria em qualquer parte do mundo. Menos na televisão brasileira. Aqui o deboche corre solto nos programas humorísticos que grotescamente pretendem simular as atividades numa sala de aula. O mais antigo deles, a *Escolinha do Professor Raimundo,* comandado por Chico Anysio, depois de perambular por diferentes dias e horários de apresentação, volta ao ar para exibições diárias (de segunda a sexta), às 17 horas, na Rede Globo. Mais tarde, também diariamente, a Record apresenta a *Escolinha do Barulho*, no mesmo formato e com muitas das mesmas caras que, em outros tempos, participavam do programa concorrente.

Há nas escolinhas duas características básicas da televisão brasileira: a herança do rádio e a imitação constante de fórmulas de programas que atingem altos índices de audiência. Esses arremedos de salas de aula, vistos na TV, nada mais são do que cópia requentada da velha e ingênua escolinha do Nhô Totico, sucesso radiofônico do anos 1940/1950. Também herdeira do rádio, a cópia constante de programas faz da TV aberta brasileira um conjunto de mesmices que impedem a criatividade, o experimentalismo e são um dos maiores obstáculos para a democratização da oferta de produtos televisivos no Brasil. Essas cópias, que tiram do telespectador a alternativa de escolha, respondem aos que dizem ser o controle remoto uma defesa do cidadão. Usar o controle remoto para quê? Para mudar de canal e assistir à mesma coisa?

Mas voltando às escolinhas: elas permanecem tanto tempo no ar, com grandes audiências, por serem programas simples, ambientados em locais facilmente identificados pelo público. Apesar de todas as dificuldades na oferta de ensino, a grande maioria da população brasileira passou pelo menos algum tempo numa sala de aula, percebendo rapidamente onde se situa a ação mostrada na tela. E os personagens representam estereótipos que também fazem parte do imaginário popular. Difícil seria fazer um programa humorístico numa biblioteca ou numa sala de concertos.

Nada contra o humor, nem mesmo contra as escolinhas. O que deve ser exigido é menos vulgaridade e mais criatividade. A sala de aula pode até servir de palco, desde que não vire espaço para reforço de preconceitos e desinformação. Ao contrário, com um pequeno esforço, as escolinhas poderiam continuar divertindo e, ao mesmo tempo, estimulando o gosto pelas ações de aprender e ensinar. Cabe aí um papel importante para educadores e entidades de docentes e estudantes, ainda calados em relação ao que se faz com professores e alunos nas escolinhas televisivas. Eles podiam se manifestar junto às emissoras, não para censurar, mas para contribuir com o nível do humor e com a preservação da dignidade de quem ensina e aprende.

Poderiam começar discutindo, por exemplo, por que nesses programas o papel do professor limita-se quase sempre a perguntar, raramente ensinando. O desafio seria mostrar que é possível fazer graça e ensinar ao mesmo tempo. Os programas humorísticos são um instrumento muito poderoso para ficar nas mãos apenas dos humoristas. Passo a palavra aos educadores.

(abril de 2001)

O PRÍNCIPE ELETRÔNICO

Não há como negar o papel político da televisão nos dias de hoje. Em países como o Brasil, onde as associações intermediárias (partidos, sindicatos, organizações de moradores) têm grande dificuldade de exercer um papel mediador entre o cidadão e o Estado, os meios de comunicação ocupam com eficiência esses espaços. É por meio deles, com participação destacada da TV, que a política se exercita.

Os exemplos são fartos. Sem falar nas doses cotidianas de direcionamento dos programas. Neles, ministros aproveitam-se da audiência de programas popularescos para fazer propaganda pessoal, e os inúmeros caciques políticos regionais, concessionários de canais de televisão, só mostram o que lhes interessa no jogo político-eleitoral.

A análise desse poder ganhou uma execelente contribuição há dois anos com a publicação, pela Unicamp, de "O Príncipe Eletrônico", um provocativo ensaio do professor Octávio Ianni*. Nele, o sociólogo mostra que está havendo um deslocamento radical do lugar da política na sociedade contemporânea. Lembra que *O Príncipe* de Maquiavel, do século XVI, é "uma pessoa, uma figura política, o líder ou *condottiere*, capaz de articular inteligentemente as suas qualidades de situação e liderança (*virtù*) às condições sociopolíticas (*fortuna*) nas quais deve atuar". Para Gramsci, já no

---

* Ver "Livros que ajudam a ver TV", p. 29.

século XX, o moderno príncipe é o partido capaz de "realizar a metamorfose essencial das inquietações e reivindicações sociais [...] em política[...]" Agora, o organizador político é a mídia, em que "sobressai a televisão" no papel do príncipe eletrônico que, para Ianni, "registra e interpreta, seleciona e enfatiza, esquece e sataniza o que poderia ser a realidade e o imaginário".

De circulação restrita, o texto não era facilmente encontrado, situação corrigida agora com a sua publicação – revista e ampliada – na coletânea *Desafios da Comunicação* (Vozes, 343 págs.). Nela, o professor Ianni lança mesmo um desafio, que merece reflexão de todos os que pretendem buscar explicações mais amplas e fundamentadas para esse fenômeno que nos cerca por todos os lados e angustia a muitos.

Vale pensar nesse príncipe eletrônico que "realiza limpidamente a metamorfose da mercadoria em ideologia, do mercado em democracia, do consumismo em cidadania". Ou desse príncipe moderníssimo, "arquiteto da ágora eletrônica, no qual todos estão representados, refletidos, defletidos ou figurados, sem o risco da convivência nem da experiência".

Só pelo fato de discutirmos essas idéias, já estaremos impondo algum tipo de limitação ao poder do príncipe eletrônico. Se as associações intermediárias da sociedade acima mencionadas não têm força para agendar esse debate, ainda restam as escolas – de todos os níveis – como espaços privilegiados de discussão. Para limitar o poder do príncipe, é preciso, antes de tudo, entendê-lo. Nesse sentido, o artigo do professor Ianni traz uma contribuição fundamental.

(maio de 2001)

A BOA TELEVISÃO

Não dá outra. Basta fazer uma crítica pública sobre a programação da TV aberta no Brasil que logo vem a pergunta: mas não existem programas de qualidade na televisão brasileira? Existem, sim, mas são tão poucos que podem ser contados nos dedos. No geral, impera o mau gosto e a mesmice.

E não dá para citar alguns exemplos? Dá, e são da Rede Globo, sem dúvida uma das mais competentes empresas de TV do mundo – que, quando quer, produz espetáculos impecáveis. E lá vão os exemplos: O *Auto da Compadecida*, levado ao ar tarde da noite numa semana de janeiro do ano passado, e, mais recentemente, a minissérie *Os Maias* e o especial *A Paixão Segundo Ouro Preto*, exibido na sexta-feira santa.

A existência desses exemplos positivos é o melhor atestado da competência dos profissionais da Globo. Basta lhes dar oportunidade para demonstrar o que sabem e saem obras-primas. Quando a eles se associam grupos talentosos, como O Galpão, de Minas Gerais, responsável por *A Paixão Segundo Ouro Preto*, o resultado é fantástico (no bom sentido, é claro). Quem ligou a TV na noite da última sexta-feira santa, no meio do programa, poderia jurar que estava vendo a BBC em seus melhores momentos.

O programa reuniu o que de mais avançado a televisão pode oferecer em termos de captação e edição de imagens, com uma dramaturgia capaz de se adaptar ao veículo sem perder a emoção do teatro. Passou longe de qualquer telenovela pasteurizada produzida pela própria Globo. E isso foi proposital. Uma das diretoras do programa, Cininha de Paula, não escondia sua intenção de conquistar pela televisão um novo público para o teatro. Por isso, a linguagem televisiva adotada foi inovadora, ressaltando a dramaticidade teatral, em vez de ofuscá-la como fazem normalmente as novelas de TV.

A *Paixão Segundo Ouro Preto* foi uma adaptação feita para a televisão por Gabriel Vilela e Geraldinho Carneiro da peça *Rua da amargura*, de Eduardo Garrido, que estreou no Rio de Janeiro em 1995. Na TV, a costura do espetáculo foi feita pela narração sempre competente do ator Paulo José, o grande defensor da realização do projeto na Globo. Durou apenas 35 minutos e quem assistiu ficou com gosto de pouco na alma. Havia a esperança de que aquele fosse o primeiro programa de uma série mensal, exibida sempre às sextas-feiras.

Na seqüência poderia vir uma adaptação para a TV do *Romeu e Julieta* que tive oportunidade de ver com o Galpão no Globe Theatre, o teatro de Shakespeare, reconstruído recentemente às margens do Tâmisa, em Londres. No verão europeu do ano passado, os ousados mineiros arrancaram aplausos britânicos interpretando em português o clássico shakespeariano. Mas pelo que se ouve, ainda não chegou a hora de os brasileiros terem esse mesmo prazer na televisão. A Globo estaria arquivando a idéia da série teatral. Por enquanto continuamos com o *Linha Direta* e o *Domingão do Faustão*.

(junho de 2001)

FÉRIAS COM MENOS TV

A crise de energia elétrica cria situações paradoxais. O governo, culpado da situação, torna-se juiz e pune com cortes e multas quem nada fez para merecer tais castigos. Pune com mais rigor aqueles que consomem até 200 kWh por mês e não têm praticamente nada para cortar.*

Por outro lado, a falta de um bem essencial como a energia revela alguns desperdícios que já estavam incorporados ao cotidiano de muita gente. Vamos ficar por aqui apenas com a televisão. De transmissora de informações e veiculadora de programas de entretenimento, ela só tornou ao longo dos anos "babá eletrônica" e companheira dos solitários. Quantas TVs não ficam ligadas o dia todo, sem que ninguém esteja na frente delas assistindo a qualquer programa? Quanta gente não chega em casa e vai logo ligando a TV sem saber exatamente o que está no ar? São hábitos abalados pela crise.

---

* Conseqüência da falta de investimentos públicos no setor, a crise da energia elétrica provocou um blecaute em vários estados brasileiros em janeiro de 2001. Para evitar novos apagões, foi instituído um racionamento de energia que afetou a vida econômica e social da população, que teve de modificar hábitos cotidianos para respeitar as metas de consumo e evitar as conseqüentes sobretaxas. Em março de 2002, depois de uma enxurrada de críticas e processos, o presidente Fernando Henrique Cardoso decretou o final do racionamento, anunciando uma regularização no abastecimento de energia.

Uma televisão de 20 polegadas, funcionando cinco horas por dia, consome no final do mês 13,50 kWh. Pode parecer pouco em época de fartura. No Brasil de hoje é muito. E a necessidade pode mudar hábitos. Por exemplo, ligar a TV apenas para ver determinado programa, consultando, para isso, os horários das programações publicados diariamente pelos jornais poderia ser um bom começo. Era prática comum nos primeiros anos da televisão no Brasil, a ponto de existirem revistas especializadas na divulgação das programações das emissoras, como *Intervalo* ou *7 dias na TV*.

O mês de julho, de férias escolares, é um ótimo momento para experimentarmos uma nova forma de ver televisão, escolhendo com as crianças os programas que serão assistidos naquele dia. E desligar a TV nos outros horários. Tarefa que neste mês cabe aos pais, escolhendo programas ao lado dos filhos e propondo atividades substitutas para a televisão. Há cidades em que o poder público colabora promovendo atividades esportivas, de lazer e de recreação mais intensas neste período. É preciso aproveitá-las porque, em muitos casos, elas têm um poder de sedução muito maior do que o da TV. Existem outras instituições, como o Sesc, por exemplo, com atividades capazes de atrair crianças e jovens e tirá-las por algumas horas da frente da televisão.

Não se está aqui pregando o fim da TV: o que se propõe é o seu uso racional. Depois das férias, professoras e professores também podem dar suas contribuições. Que tal levar para a classe jornais e revistas com as programações das emissoras e, junto com os alunos, decidir que programas valeria a pena assistir naquele dia? O exercício combinaria, numa prática única, a contribuição para a redução do consumo de energia com a análise crítica dos programas de televisão.

Não vou dizer aqui que "há males que vêm para bem". Afinal, todo esse transtorno trazido pela escassez de energia poderia ter sido evitado. Mas já que não há saída, estão aí algumas propostas que talvez possam nos deixar, ao fim da crise, melhor do que estávamos quando nela entramos.

(julho de 2001)

O RETROCESSO MINISTERIAL

Saí do gabinete do ministro com uma sensação estranha. Alguma coisa na conversa não tinha ido bem. O papo durou uns quarenta minutos, e de concreto ouvi apenas uma promessa: o projeto da nova Lei de Comunicação Eletrônica de Massa começaria a ser debatido publicamente, em sete capitais brasileiras, antes de ser enviado ao Congresso. Pimenta da Veiga disse isso em março de 1999 e a promessa era de que todos os debates se realizassem ainda naquele ano. Senti uma certa insegurança do ministro. A todo momento consultava assessores para nos dar informações (a mim e a Marta Suplicy, na época presidente da ONG Tver).*

Creditei o fato a sua posse ainda recente e à sobrecarga de trabalho, já que, além de cuidar das Comunicações, tinha também a tarefa de ser o articulador político do governo. E fiquei aguardando o debate público da nova lei. Alguns meses depois, soube pelos jornais que a primeira audiência havia sido realizada em Brasília e que de pública não havia tido nada. Foi fechadíssima, com presença significativa dos representantes das emissoras de televisão. Depois disso, o silêncio. Ministro e ministério calaram-se sobre o prosseguimento do debate – que com certeza continuou, mas a portas fechadas.

---

* Ver "Uma lei para a TV", p. 35.

Só agora, dois anos depois e às vésperas de um novo ano eleitoral, volta-se a falar no assunto. O ministro colocou na internet, para discussão pública, projeto de uma lei de radiodifusão, esquecendo já do nome da Lei de Comunicação Eletrônica de Massa, como havia sido anunciada pelo falecido ministro Sergio Motta no começo do primeiro governo FHC.

Na época, a expectativa era de uma legislação que pusesse fim não apenas à orgia de concessões – que garantiram, por exemplo, os cinco anos de mandato do presidente Sarney –, como também contivesse alguma fórmula para o controle público das programações de rádio e TV, a exemplo do que acontece nas democracias mais avançadas do mundo. Ledo engano. O ministério das Comunicações pariu um dos maiores monstrengos já vistos na área da radiodifusão.

A começar por um incrível retrocesso. A lei atual determina que uma pessoa ou empresa pode ter no máximo cinco canais de TV em VHF e outros cinco em UHF. Já é uma lei ruim, uma vez que permite o registro de concessões no nome de diferentes pessoas da mesma família. É o que ocorre Brasil afora. Se aprovada a nova lei, a situação ficará muito pior. A única limitação passaria a ser de uma emissora, por empresa ou pessoa, em cada município. A concentração dos meios de comunicação no Brasil, que já é grande, ficaria incontrolada. Na lógica do capital, a tendência seria em pouco tempo termos apenas um grande grupo veiculando suas verdades pelo rádio e pela TV para todo o país.

Mas isso não é tudo. Acaba também a possibilidade da existência de uma agência reguladora forte, independente do Estado. Pelo projeto de Pimenta da Veiga, todo o poder permanece concentrado no ministério das Comunicações, dando margem ao aprofundamento dos favorecimentos político-eleitorais. É o querem os detentores atuais e futuros de concessões de rádio e TV.

No projeto não há nenhuma palavra sobre o papel da televisão pública. Ele divide artificialmente as emissoras em comerciais e não-comerciais, esquecendo-se da Constituição, que determina a existência de uma complementaridade entre emissoras públicas, privadas e estatais.

Substitui o modelo institucional por forma de financiamento. Mas o pior de tudo é que não há espaço para debate. As audiências públicas sumiram e o projeto ficou apenas um mês aberto para sugestões eletrônicas. É pouco tempo, sabendo-se principalmente que os interessados nos negócios do rádio e da TV vêm discutindo e mexendo no texto há seis anos.

Agora entendo a sensação estranha que senti na conversa com o ministro. Compreendo, desolado, que era tudo encenação.

(agosto de 2001)

TELEVISÃO CONSCIENTE

O ator, diretor e produtor de televisão Daniel Filho esteve outro dia no centro do programa *Roda Viva*, da TV Cultura. O motivo da entrevista era o lançamento do seu livro *O circo eletrônico – Fazendo TV no Brasil* (Jorge Zahar, 360 págs.). Charmoso, elegante, bem-humorado; estar diante das câmeras para ele é um hábito corriqueiro.

Embora sem dar muito na vista, sua tranqüilidade não foi total, ao menos no primeiro bloco do programa. Questionado sobre a responsabilidade social do produtor de televisão, o experiente astro global vacilou. Ficou também incomodado ao discutir a necessidade de um controle público sobre a televisão. No primeiro intervalo do programa, fora do ar, desabafou: "Está havendo alguma coisa estranha".

Depois, quando os assuntos tornaram-se mais amenos, voltou ao domínio da cena. Falou do livro (um precioso manual para quem quer fazer televisão), das novelas de sucesso e da sua mais recente incursão pelo cinema. Ficou clara, no entanto, a distância que separa o homem de TV, competente e bem-sucedido, do produtor alheio à reflexão mais crítica a respeito do próprio trabalho. E aí está um dos mais complicados problemas da televisão: a responsabilidade de quem produz. São poucos os que conseguem ir além do simples ato de fazer, de conquistar audiência. Isso vale tanto para o diretor de novela quanto para o telejornalista.

Um filósofo austríaco, liberal empedernido, ao final de sua vida chamou atenção para o problema. Angustiado com o baixo nível da televisão a que assistia (e não era a brasileira), Karl Popper produziu um texto sobre o tema publicado num livrinho chamado *Televisão, um perigo para a democracia* (Gradíva, Lisboa, 82 págs.). Nele, ao rejeitar a censura como forma de conter a degradação da programação de TV, Popper sugere a criação de uma espécie de ordem dos produtores de televisão. Alguma coisa parecida com a Ordem dos Advogados ou o Conselho de Medicina. Seria o jeito de estabelecer um compromisso ético entre aqueles que fazem televisão.

Utópica, desesperada, não deixa de ser uma idéia capaz de melhorar a qualidade dos programas sem tolher a liberdade. Mas o texto de Popper é ainda mais instigante e atual. Com a vitória de Berlusconi nas eleições italianas*, solidamente montada em suas emissoras de televisão, o filósofo austríaco voltou a ser citado. É ele que diz que a televisão tornou-se um poder colossal, "como se tivesse substituído a voz de Deus".

Um poder capaz de fazer e desfazer governantes, como já se viu aqui no Brasil. Poder que está nas mãos de pessoas às vezes muito competentes, como é o caso de Daniel Filho. Outras vezes não, como mostram produtores de programas com concepções artísticas que beiram a indigência. Uns e outros, no entanto, se igualam ao não refletir sobre a responsabilidade política e social do ofício que exercem.

(setembro de 2001)

* Mesmo condenado em primeira instância, em três processos diferentes, Silvio Berlusconi, magnata da comunicação na Itália – proprietário de três canais de televisão –, reconquistou nas urnas o cargo de primeiro-ministro em maio de 2001. O empresário voltou assim ao cargo para o qual havia sido eleito em março de 1994, mas ao qual renunciara em dezembro do mesmo ano depois de uma série de ataques da oposição. Em abril de 2006, perdeu a eleição para Romano Prodi por uma pequena margem de votos e deixou o cargo de premiê.

MONTEIRO LOBATO DE VOLTA[*]

"**Assim acabou** a história. Entrou por uma porta, saiu pela outra, quem quiser que conte outra." Com essas palavras, Júlio Gouveia, um médico apaixonado por literatura, crianças e televisão, encerrava nas manhãs de domingo o *Teatro da Juventude*, na TV Tupi de São Paulo, em seus primeiros anos de vida. Olhava para a câmera e fechava o livro que havia sido aberto logo no começo do programa, quando o apresentador lia as primeiras linhas da história, dando início ao teleteatro.

Clássicos da literatura infanto-juvenil desfilavam pela tela, produzidos sem videoteipe e transmitidos em preto e branco. Mas o essencial estava lá. O texto, a narrativa, a dramatização e especialmente o livro que aparecia na tela com um objetivo claro: aproximar o telespectador da boa literatura. A adaptação do texto para a televisão era da mulher de Júlio, a escritora Tatiana Belinky. Até hoje, com inúmeras obras publicadas, ela considera esse trabalho a coisa mais importante que já fez na vida.

No entanto, a televisão brasileira deve muito mais a ela. Durante 13 anos, Tatiana escreveu cerca de 350 capítulos da primeira versão feita para a TV do *Sítio do Pica-Pau Amarelo*, que agora volta à tela pela Rede Globo em sua terceira adaptação televisiva. A primeira foi ao ar em 1952, apresen-

[*] Ver "Prêmio MídiaQ de 2005", p. 174.

tada uma vez por semana por um elenco que tinha Lúcia Lambertini como Emília; Edi Cerri no papel de Narizinho; Davi José como o Pedrinho; Leonor Pacheco como Dona Benta; e Rubens Molino como o Visconde de Sabugosa.

A segunda versão da obra de Monteiro Lobato para a televisão durou de 1977 a 1986 e foi exibida diariamente pela Rede Globo e TV Educativa do Rio de Janeiro, com adaptação de Geraldo Casé. Emília foi vivida por Dirce Migliaccio e Reny de Oliveira. Júlio César Vieira é até hoje lembrado como Pedrinho e Rosana Garcia como Narizinho. Zilka Salaberry viveu Dona Benta e André Valli, o Visconde. Já falecidos, Jacira Sampaio fez a Tia Nastácia e Samuel Santos, o Tio Barnabé.

Agora os tempos são outros, mas a história de Lobato segue insubstituível na literatura infantil. Sua volta à televisão deve ser saudada como um momento de lucidez na televisão comercial brasileira. Será uma ótima oportunidade para que cada professor ou professora, em sala de aula, multiplique com seus alunos a iniciativa de Gouveia e Tatiana, fazendo da televisão um caminho em direção à boa leitura.

(outubro de 2001)

TEMOR DAS RUAS

Os estudantes não iam às ruas há algum tempo. As últimas grandes manifestações haviam ocorrido no início da década anterior, ao embalo da campanha para tirar Collor da presidência. Agora, devagarinho, eles começam a voltar, levando faixas e cartazes de repúdio à dominação imperial do mundo. E com eles volta a cobertura televisiva, ainda que discreta.

Numa das últimas manifestações, na Avenida Paulista, em São Paulo, várias equipes de reportagem estavam lá. Se as imagens gravadas iriam ao ar, isso é outro problema. Aqui o que importa é o triste papel que repórteres, operadores de câmera e auxiliares da Rede Globo se viram obrigados a desempenhar. De todas as emissoras, eram os únicos que escondiam seus crachás. Temor de agressões, ainda que infundado, mas que se justificava pela história da emissora.

A Globo, líder de audiência há anos, não consegue traduzir os números do Ibope em simpatia e confiança. Não consegue ser chamada carinhosamente de tia pelo público, como acontece com a BBC britânica. Uma familiaridade conquistada ao longo de décadas de cumplicidade não com governos ou anunciantes, mas com o público telespectador[*].

Para isso, prestou serviços inestimáveis durante a guerra, trazendo das linhas de combate a voz dos soldados em luta

---

[*] Ver "Tia querida", p. 26.

ou reaproximando pais e filhos separados pela retirada da cidade das crianças londrinas durante os bombardeios alemães. Sem falar na confiança adquirida pelo telejornalismo, resultado de um árduo e cotidiano trabalho em busca do equilíbrio. Lá ninguém precisa esconder o crachá.

Infelizmente, aqui é tudo ao contrário. Porta-voz da ditadura por longos anos, a Globo começou a revelar melhor sua face durante as greves do ABC, quando participantes do movimento viam à noite, nos telejornais, uma realidade diferente daquela vivida por eles horas antes nas ruas. Surgiu aí o refrão "o povo não é bobo, fora Rede Globo".

Isso para não falar na tentativa de interferir nos resultados das eleições para governador do Rio, em 1982, tentando evitar a vitória de Leonel Brizola. Ou nas mentiras ditas para esconder a campanha das diretas-já, informando que um grande comício realizado na Praça da Sé, em São Paulo, era apenas para comemorar o aniversário da cidade. E o maior exemplo: a fraudulenta edição do debate Collor–Lula, na véspera da eleição presidencial de 1989.

São fatos que não se apagam facilmente da memória. Por causa deles, os profissionais da Globo vão continuar durante muito tempo tendo de ir às ruas com crachás e logotipos escondidos.

(novembro de 2001)

O LADO POSITIVO
DO PRECONCEITO

Hoje vamos falar de maconha. O mote é a recente demissão da apresentadora Soninha, da TV Cultura, por ter dito que fumava a erva, ainda que moderadamente. Ela foi vítima da própria honestidade quando, ao revelar um detalhe da vida pessoal, tinha como intenção contribuir para o debate sobre a possível descriminalização da droga.

Apesar de habituada à mídia, a apresentadora não imaginava que a revista *Época* faria uma amplificação desmedida de suas palavras. Virou não apenas capa, mas figura de *outdoors* pelo Brasil afora. E a manchete taxativa "Eu fumo maconha" não deu espaço para outras considerações que pudessem relativizar o fato e abrir a discussão por ela pretendida.

Na atual guerra de mercado, era mesmo de esperar que uma declaração sobre uma questão social importante como o uso da maconha fosse transformada em publicidade sensacionalista de uma revista semanal. Soninha não foi a primeira vítima. A revista *Veja* já fez a mesma coisa com outros personagens.

Mas deste caso ainda é possível tirar alguma coisa positiva. A demissão imposta pela Cultura à sua apresentadora e a repercussão do fato deram novo vigor ao debate em torno do uso de drogas. A televisão séria e a escola devem agarrar a oportunidade e ir em frente. Não dá mais para tapar o sol com a peneira. É preciso discutir abertamente o uso da maconha, cada vez mais comum entre estudantes de qualquer tipo de escola.

O material publicado por jornais e revistas na penúltima semana de novembro pode ser valioso no debate em sala de aula. Ali estão diferentes posições em relação à descriminalização do uso da maconha, mas é dado também o alerta para as conseqüências do seu uso. Não basta discutir se fumar maconha pode ser legal ou ilegal, é preciso antes de tudo saber o que ela faz com o organismo do usuário. Nada como o professor, municiado por essas informações, para colocar o assunto em pauta na classe.

A televisão também não pode se omitir. Bons programas, produzidos sem preconceitos, são o melhor caminho para elevar o nível da discussão, além de servir de apoio ao trabalho realizado nas escolas. Está na hora de a televisão deixar de lado algumas de suas costumeiras futilidades e passar a enfrentar temas difíceis, como esse das drogas. Trata-se de um dever social de quem tem a concessão de um serviço público.

Se pequena parte de tudo isso virar realidade, poderemos concluir que o sacrifício de Soninha não foi em vão.

(dezembro de 2001)

NOTÍCIAS DA ILHA

A economia cubana começa a dar sinais de recuperação. Depois de chegar ao fundo do poço em 1993, alguns setores como o turismo e a biotecnologia estão trazendo ao país recursos capazes de assegurar o fim dos piores momentos, apesar do embargo comercial mantido há 40 anos pelos Estados Unidos.

Há, pelo menos, duas evidências de que as coisas estão melhorando: uma é a recuperação de Havana velha, patrimônio da humanidade, que pouco a pouco vai tendo seus edifícios e monumentos restaurados. A outra começa a ser vista neste final de ano, com a entrada no ar do terceiro canal de televisão, voltado unicamente para a educação. Entre outras ambições, o governo quer que os cubanos falem pelo menos dois idiomas e conta com a televisão para essa tarefa.

Por três milhões de dólares, Cuba comprou equipamentos digitais e recuperou um velho edifício no centro de Havana, onde nos anos 1950 funcionava uma emissora comercial. Com isso, a programação dos dois outros canais vai se voltar apenas para a informação e o entretenimento, atendendo a uma demanda crescente da população por mais variedade de programas – se bem que, nesse aspecto, com apenas dois canais, os cubanos conseguem em alguns momentos oferecer alternativas de qualidade bem superiores às dadas pelas várias redes comerciais brasileiras. Como na noite em que um programa sobre os grandes momentos do *jazz* era apresentado como opção a um filme norte-americano de bom nível.

As novelas brasileiras continuam fazendo sucesso na terra de Fidel, mas programas como *Castelo Rá-Tim-Bum* e *Bambalalão*, produzidos pela TV Cultura de São Paulo, também caíram no gosto do público infantil. Os jovens têm ainda acesso a um telejornalismo feito por eles e para eles, em que o noticiário é transmitido de forma simples sem ser simplista, respeitando o grau de informação próprio da idade.

E para que os cubanos possam receber em casa essa programação, um milhão de televisores foram importados da China, com o propósito de aumentar o número de domicílios com televisão e padronizar os modelos de receptores existentes no país, facilitando sua operação e manutenção.

Nestas férias, quem for a Cuba deve aproveitar para dar uma olhada na televisão. Será uma boa oportunidade de perceber os avanços que vêm sendo obtidos, ainda que a duras penas, no trabalho cotidiano de juntar num só projeto a televisão e a educação.

(janeiro de 2002)

MÍDIA À VENDA

O Congresso pode aprovar ainda neste semestre uma nova emenda à Constituição, permitindo a venda de 30% das empresas de televisão, rádio, jornal e revista ao capital estrangeiro. A Câmara já votou a favor, em primeiro turno, no final do ano passado.*

Estamos diante de um dos maiores atentados à soberania nacional já ocorridos neste país. Por uma situação conjuntural, com o caixa baixo de grande parte dessas empresas pretende-se destruir uma conquista estrutural que vinha sendo garantida pelo artigo 222 da Constituição. As dificuldades empresariais são resultado, em grande parte, da desaceleração da economia e, no caso específico de rádio e televisão, da existência de um número de veículos incompatível com a realidade do mercado publicitário. Concessões dadas à larga, com fins políticos e religiosos, precisam de muito mais dinheiro do que dispõe a economia nacional para o setor.

Na defesa da alteração, empresários da mídia uniram-se, conquistaram apoio do Presidente da República e exerce-

---

* Sancionada pelas Mesas da Câmara dos Deputados e do Senado Federal em 28 de maio de 2002, a Emenda Constitucional nº 36 entrou em vigor no dia seguinte, quando foi publicada no *Diário Oficial da União*. Com ela, alterou-se o artigo 222, cujo primeiro parágrafo passou a enunciar: "Em qualquer caso, pelo menos setenta por cento do capital total e do capital votante das empresas jornalísticas e de radiodifusão sonora e de sons e imagens deverá pertencer, direta ou indiretamente, a brasileiros natos ou naturalizados há mais de dez anos, que exercerão obrigatoriamente a gestão das atividades e estabelecerão o conteúdo da programação".

ram uma das maiores pressões já vistas sobre deputados e senadores. Publicaram notas em seus jornais dizendo-se discriminados em relação a outros setores da economia vendidos recentemente no mercado internacional. Comparam o que não é comparável.

Se as vendas das nossas empresas de energia ou de telefonia para grupos estrangeiros, por exemplo, constituíram um caminho para a quebra da soberania, imagine-se quando se trata de produto peculiar, como é o veiculado pela mídia. Por meio dela, não se vendem apenas *kilowatts* ou impulsos, mas sim idéias, valores, cultura, vida. Por isso devem ser protegidas, mesmo estando em mãos não muito preocupadas com isso.

Antes da votação do final do ano, para conquistar deputados da oposição, acrescentou-se ao projeto um dispositivo estabelecendo que a responsabilidade pela linha editorial e pela programação fica reservada a brasileiros. Como se não houvesse patrícios nossos dispostos a assinar como diretor responsável por obras executadas a mando de fora. Uma burla até simples, quando se sabe que não há nem certeza de que será possível fiscalizar com rigor o cumprimento do limite de 30% para o capital estrangeiro.

No rádio e na televisão, concessões públicas, a situação ainda é mais grave. A lei que regula o setor é de 1962, um tempo em que a TV era em preto-e-branco e o videoteipe estava apenas começando. Para não falar nas mudanças de hábitos e costumes verificados nesses 40 anos que separam lei e realidade. Diante dessa fragilidade legal, quem garante que os interesses dos grupos estrangeiros, e dos países de onde se originam, não se tornarão hegemônicos?

Para ficar num exemplo recente, é só lembrar o silêncio da mídia dos Estados Unidos diante de dados concretos mostrando a vitória de Al Gore sobre George W. Bush nas últimas e conturbadas eleições presidenciais norte-americanas. Constatado o fato depois do 11 de setembro, os meios de comunicação resolveram se calar sob o argumento de que a situação nacional era muito grave. Com 30% de capital nas empresas daqui, com certeza eles nos calariam também.

Aprovada a emenda constitucional, o Brasil dará um dos últimos passos para sua transformação em província do capitalismo global, como bem definiu o professor Octávio Ianni no livro *Enigmas da modernidade-mundo* (Civilização Brasileira, 320 págs.). Que deveria ser lido pelos congressistas antes de votarem a favor do fim da soberania nacional. E por todos nós para entendermos melhor o mundo em que vivemos.

(fevereiro de 2002)

PÉROLAS PARA POUCOS

A televisão nunca havia mostrado algo parecido antes. O Fórum Social Mundial, realizado em Porto Alegre, foi transmitido ao vivo pela TV Educativa do Rio Grande do Sul. Desfilaram na tela, sem cortes ou edições, intelectuais, políticos e ativistas quase sempre banidos das emissoras comerciais. Noam Chomsky, Frei Betto, Adolfo Perez Esquivel, João Pedro Stedile, Boaventura dos Santos, Leonardo Boff, Mino Carta e Maria da Conceição Tavares foram algumas das personalidades mostradas pela televisão pública gaúcha.

Esta última, professora da Universidade Federal do Rio de Janeiro e da Unicamp, do alto dos seus 72 anos, deu um testemunho empolgante, falando de sua vida, de suas lutas e dos novos desafios que segue enfrentando. Chegou a exortar os jovens presentes (e telespectadores) para que não façam como alguns colegas e alunos seus, que aos 20 anos defendiam ideais de justiça e igualdade e hoje, passados dos 40 ou 50, "traem essa luta". Isso foi mostrado num horário de domingo em que Faustão e Gugu ocupavam com suas "edificantes" atrações os canais vizinhos.

A TVE do Rio Grande do Sul pode não ter superado a audiência das emissoras comerciais, mas isso não importa. O que vale é a diferença, a abertura para o novo, tirando o telespectador da anestesia paralisante imposta pelos programas de auditório e chamando-o à reflexão.

Mas a TVE não ficou apenas nisso. Em pleno domingo à noite, quando a mesmice das mesas-redondas futebolísticas impede a liberdade de escolha do telespectador, a emissora gaúcha colocou no ar um programa sobre um tema praticamente inédito na televisão aberta brasileira: a própria televisão. Participantes do Fórum Social Mundial foram ao estúdio para debater o que é, para que serve, quem controla e quem manipula a televisão no Brasil. Falou-se da qualidade dos programas, do papel da TV como articuladora do capitalismo global, da necessidade do seu controle pelo público, do papel civilizador que a televisão pública pode exercer influenciando os padrões das emissoras comerciais. Chegou-se até a discutir um tema tabu: a questão das concessões dadas às empresas de rádio e de televisão. Perguntou-se, por exemplo, se alguém na mesa ou na audiência sabia a data do vencimento da concessão da RBS, a afiliada da Globo no Rio Grande do Sul.

É claro que ninguém sabia. A resposta está na caixa-preta da televisão brasileira, fechada a sete chaves por aqueles que controlam a comunicação no Brasil. No dia seguinte, a pergunta voltou a ser feita no debate sobre o tema realizado no Fórum Social Mundial. E, da platéia, gaúchos presentes assumiram o compromisso de descobrir a data e divulgá-la, para que a próxima renovação da concessão da RBS não passe despercebida pela população do estado.

É preciso destacar a qualidade técnica das transmissões. Com equipamentos de última geração, a cobertura do Fórum, ainda que dificultada pela multiplicidade de eventos, foi impecável. O telespectador brasileiro, acostumado a padrões técnicos elevados mostrados pela TV comercial, pôde ver que, com recursos e vontade política, a televisão pública tem condições de correr na mesma faixa.

Temos a lamentar apenas que a veiculação das imagens tenha ficado restrita ao Rio Grande do Sul. Com a heróica exceção do Canal Comunitário de Brasília, que retransmitiu a TVE gaúcha, o resto do país foi privado dessa cobertura inédita. Mas ainda é tempo de remediar. Está tudo gravado, e pelo menos as emissoras públicas e estatais dos demais estados ainda podem pôr no ar o que só os privilegiados gaúchos e brasilienses puderam ver.

(março de 2002)

SEM ALIENAÇÃO

Já estamos na metade do primeiro semestre letivo e a programação das aulas vai sendo cumprida com todas as alegrias e dificuldades inerentes ao processo de educar ensinando. Nada substitui esse contato face-a-face com o aluno, quando são trocadas idéias, traçados caminhos, permutadas emoções. Outras fontes de informação trazem para o convívio diário elementos que estão no mundo e que não podem ser desprezados. Vêm da família, das igrejas e dos meios de comunicação, dos quais desponta a TV, com seu poderoso poder de persuasão.

Pesquisas mostram que crianças e adolescentes passam mais tempo diante da televisão do que na escola. É um dado que precisa ser levado em conta no processo educativo. Muitos professores têm consciência disso e buscam adequar seus programas a essa realidade atual. Vão buscar textos sobre o assunto, organizam debates, discutem o que é visto na TV. São abnegados procurando apoio numa produção acadêmica ainda insuficiente para dar conta de um processo avassalador que, a cada momento, impõe à sociedade novas pautas de discussão, hábitos de consumo, valores culturais.

São inúmeras as solicitações de professores por uma bibliografia que permita um acompanhamento crítico do uso da televisão em sala de aula. Então aí vai mais uma dica: a dissertação de mestrado defendida na Faculdade de Educação da Universidade Federal de Minas Gerais por Elson Rezende. Vale a pena consultá-la no site www.elsonrezende.hpg.ig.com.br. Nela há uma tentativa, segundo o autor, de "explicar como se dá o contato de alunos e professores com a cultura da televisão e como a escola, institucionalmente, participa desse processo".

Ao lado do tratamento teórico do tema, Rezende relata uma pesquisa feita com alunos de 5ª a 8ª séries e com professores de uma escola pública de Ouro Preto. A epígrafe do capítulo que trata dos estudantes é emblemática. Diz um menino de 12 anos, aluno da sexta série: "A televisão é um dos mais completos meios de nos comunicarmos com o mundo. Ela foi feita para isso. Mas as pessoas que trabalham nela querem somente tirar a atenção do povo e ganhar dinheiro". Melhor síntese impossível.

O autor do trabalho presenciou também a chegada ao colégio de Ouro Preto de materiais do programa TV Escola, do MEC, e vê com reservas essa ênfase pouco crítica do uso das novas tecnologias na escola, como se ali estivesse a solução de todos os males. Nesse sentido, vale a pena dar uma olhada (com cuidado, é claro) no curso de extensão oferecido pela Secretaria de Educação à Distância do MEC, chamado "TV na escola e os desafios de hoje", composto de vídeos transmitidos pela TV Escola.

Nada, no entanto, substitui a sensibilidade do professor, comprometido com a ampliação da consciência crítica dos alunos. A ele cabe a tarefa de separar o joio do trigo, analisando com os estudantes a qualidade daquilo que transita pelas ondas da televisão. O difícil hoje é achar trigo no meio de tanto joio. Mas esse é o mais novo desafio a ser enfrentado pelos professores – entre tantos outros impostos pela profissão.

(abril de 2002)

A GENTE SE VÊ POR AÍ

Os números são grandiosos: o TV Escola, canal de televisão do MEC, tem hoje 14 horas diárias de transmissão. Em parceria com os estados e o Distrito Federal, já capacitou 170.041 professores e, por meio do programa *Salto para o Futuro*, contribuiu para a capacitação de 965.231 docentes. O canal tem em seu acervo 3.576 vídeos, 2.405 de origem estrangeira e 1.171 produzidos no Brasil. Segundo o ministério, o TV Escola está presente hoje em 56.770 escolas públicas de ensino fundamental e médio de todo o país.

Se a quantidade impressiona, a qualidade também não é desprezível. A grade da programação é cuidadosa, com uma combinação de programas de ensino e produções culturais mais amplas. É o caso da série *Mestres da Literatura*, lançada em abril. São seis programas dedicados a grandes nomes da literatura brasileira: Graciliano Ramos, Guimarães Rosa, Lima Barreto, José de Alencar, Machado de Assis e Mário de Andrade. Para o diretor da TV Escola, Antonio Augusto Silva, eles podem "despertar o interesse do aluno por obras importantes e clássicas da nossa literatura, encorajando-o a ler os grandes escritores brasileiros".

Tomara que isso ocorra. Há mais de 40 anos, o médico-apresentador Júlio Gouveia iniciava e encerrava o *Teatro da Juventude*, na TV Tupi, com um livro na mão, mostrando claramente de onde a peça apresentada havia sido retirada. A intenção era levar o telespectador à leitura. Infelizmente, a iniciativa atual do MEC está restrita aos possuidores de antenas parabólicas direcionadas para captar a TV Escola. O país estaria mais bem servido se programas desse tipo fossem transmitidos pelas emissoras comerciais, como fazia a TV Tupi aos domingos antes do almoço.

Além dessa dificuldade, há o problema da unificação nacional de todo o conteúdo. O MEC repete fórmulas consagradas da política brasileira do uso dos meios de comunicação para centralizar a informação e o poder. O primeiro governo Vargas utilizou o cinema e o rádio. Os militares, a partir de 1964, criaram a infra-estrutura necessária para a implantação das redes nacionais de TV. Governos autoritários tentaram impor suas verdades ao país.

O momento democrático deve evitar essa prática, levando em conta particularidades regionais e mesmo de cada escola até chegar às individualidades do professor e do aluno, uma relação insubstituível. "Não adianta instalar vídeo, parabólica, computador, numa escola que não tem cultura para sua utilização competente, e, ao mesmo tempo, um cuidado com a especificidade da situação dos sujeitos que receberão o conteúdo", lembra o professor Carlos Jamil Cury, da Universidade Federal de Minas Gerais.

É preciso, ainda, mensurar a importância da televisão e do vídeo. Eles são apenas instrumentos de auxílio didático, assim como livros, revistas, jornais, CDs e internet – materiais de apoio que devem ser conduzidos por professores animados, bem pagos e bem formados, em atualização constante, trabalhando em ambientes seguros e culturalmente estimulantes.

(maio de 2002)

O CIRCO DA TV

A moda na TV são os *reality shows*, em que a exploração da miséria humana chega a níveis alarmantes. De realidade eles têm pouco. Não há na vida real nada que se assemelhe a esse tipo de programa. Alguém já viu, em qualquer parte do mundo, um grupo de pessoas de baixo estrato cultural confinado durante vários dias num mesmo local, sem executar nenhuma tarefa edificante, preocupado apenas em saber quem será o próximo excluído e conduzido de fora por animadores de televisão? Convenhamos, o mundo real passa muito longe disso. Pode até ser pior, mas não é assim.

Na Europa, a nova fórmula surgiu depois da privatização dos canais estatais e públicos, estimulando a concorrência entre as emissoras, numa tentativa de mostrar que a televisão poderia escapar dos modelos de programas mais circunspectos, consagrados anteriormente. No Brasil, foi uma aparente flexibilização do "padrão Globo de qualidade", imposto ao país pela emissora hegemônica nos anos 1970, que procurava ter controle antecipado de praticamente tudo que iria ao ar. Os *reality shows* seriam o contrário de tudo isso, marcados pela espontaneidade e pelo improviso.

Nada mais falso. Tudo continua virtual e previsível, ditado pelas regras da audiência, forma televisiva de maximização de lucros. Na verdade, quem está preso não são os atores confinados, e sim o telespectador brutalizado diante da pequena tela. O *Big Brother Brasil* não controla os participantes do programa que voluntariamente se sujeitam a esse espetáculo em busca de dinheiro e fama passageira. Ele controla quem está em casa, com a ilusão de ter liberdade de escolha, preso a uma grade de programação que não lhe dá maiores opções. Lembra um pouco os homens citados por Marx, que "sob o domínio da burguesia são idealmente mais livres que antes (no feudalismo), pois suas condições de vida lhes são fortuitas; na realidade, porém, são menos livres, pois estão mais submetidos à coerção das coisas".

A coerção na TV é feita com a sedução do telespectador por aquilo que o coloca mais próximo do reino animal: seus instintos de sobrevivência e de reprodução. A possibilidade de testemunhar um ato sexual ou de ver uma briga pela permanência no programa são as armas dos produtores para atingir largas audiências. Fala-se aos instintos e todos entendem. Qualquer tentativa de superação do estágio da natureza para a cultura é dispensável nesse tipo de programa. Códigos culturais, ainda que pouco sofisticados, deixam de ser entendidos por parte dos telespectadores que podem mudar de canal, "mal" que os produtores de TV procuram evitar a qualquer preço.

A boa notícia é que o modelo tende a se esgotar, como tudo que é explorado exaustivamente pela televisão. No entanto não devemos contar apenas com a sorte. É preciso debater o papel nefasto desses programas, discutir a responsabilidade social da televisão, seu caráter de concessão pública e a possibilidade que ela tem de ser um instrumento de elevação dos graus de cultura e cidadania.

(junho de 2002)

BALCÃO DE NOTÍCIAS

A marca do telejornalismo no Brasil é a pasteurização da notícia. As pautas dos telejornais circulam em torno dos mesmos temas. O pensamento único que busca se impor ao mundo desdobra-se nas agendas nacionais. Na tela, desfilam os personagens do setor hegemônico da sociedade, com predominância dos atores econômicos e políticos. São chefes de Estado, ministros, empresários, economistas, parlamentares. Falam sobre o que interessa ao poder: governos, economia (bolsas, câmbio, taxas de juros, inflação), empresas, fóruns internacionais políticos e econômicos. Assuntos acompanhados das tragédias que aparecem e desaparecem sem mais explicações e com as amenidades esportivas, do *showbiz* ou dos zoológicos.

Um conteúdo que se encaixa como uma luva na forma imposta pela televisão à notícia. Ao contrário do jornal impresso, cuja informação é a sua razão de existir, na TV ela é um complemento, muitas vezes indesejado e, no caso brasileiro, imposto por força de lei. Se pudessem, alguns concessionários de canais de televisão não poriam no ar nenhum telejornal. Dá trabalho, é caro e, mesmo com grande controle, às vezes enfrenta a consciência de algum jornalista mais comprometido com a ética, podendo prejudicar os interesses políticos e econômicos das emissoras.

Na televisão brasileira, movida por interesses comerciais, a notícia é tratada como um produto a mais. Ela está ali para dar audiência e não para informar. Quanto mais espetacular, melhor. Entre uma informação séria e importante para o cidadão, sem imagem, e outra irrelevante socialmente, mas assustadora do ponto de vista visual, a TV escolhe a segunda. O telejornal de maior audiência no Brasil, o *Jornal Nacional*, da Globo, espremido entre duas novelas, segue o ritmo delas, com um encadeamento frenético de notícias que procura a todo o custo prender a atenção do telespectador.

Às vezes chega até a se confundir com a própria novela, como quando do assassinato, há uma década, da atriz Daniella Perez.* Naquele dia, a última notícia era sobre o caso e foi dada do estúdio da novela, no momento mais simbólico da fusão realidade–fantasia perpetrado pela televisão brasileira.

Tratada assim, a notícia se subordina à linguagem do veículo e aos seus interesses comerciais. Ficam de fora os verdadeiros protagonistas da vida real: as organizações não-governamentais, os sindicatos independentes de trabalhadores, os negros, os índios, os sem-terra, as lutas femininas, a produção acadêmica crítica.

Assuntos que, se bem tratados pela TV, a aproximariam dos pioneiros do jornalismo eletrônico que viam a informação no rádio como um fator para a elevação da cidadania e o aprimoramento do processo democrático. Aqui, e agora, infelizmente ocorre o inverso.

(julho de 2002)

---

* Em 28 de dezembro de 1992, a atriz Daniella Perez, de 22 anos, foi assassinada com 18 golpes de tesoura pelo ator Guilherme de Pádua e sua mulher, Paula Thomaz. Os personagens de Daniella e Guilherme formavam par romântico na novela *De Corpo e Alma*, de Glória Perez – mãe da atriz –, que ocupava o horário das oito na TV Globo. Condenados, os assassinos cumpriram parte da pena e conseguiram a liberdade ainda no final da década de 1990.

PALANQUES ELETRÔNICOS

A televisão tornou-se o maior cabo eleitoral no Brasil. Alianças partidárias passam por cima da coerência ideológica de olho nos minutos do horário político obrigatório. Dá-se como certo que mais tempo na TV corresponde a mais votos, desde que o conteúdo transmitido conquiste o telespectador pela emoção, como fazem as cervejas e os sabonetes. Será que deve ser assim? A televisão não poderia contribuir para o avanço da democracia em vez de desacreditá-la?

No final dos anos 1970, como repórter e produtor do programa *Interação*, da TV Cultura, fui entrevistar o sociólogo Fernando Henrique Cardoso. Analisávamos toda sexta-feira à noite, durante meia hora, dois dos fatos internacionais mais importantes da semana. As imagens vinham da agência inglesa *Visnews* e os comentários eram de professores brasileiros, a maioria fora da tela há tempos, devido às posições políticas assumidas em pleno regime militar.

Um deles era o atual Presidente da República. Naquela conversa sobre amenidades que sempre antecede as entrevistas, ele deixou escapar uma de suas ambições: "Mais do que um partido, o que eu gostaria mesmo de ter era uma emissora de televisão", confessou. Pode-se acusar o presidente de muita coisa, menos de falta de perspicácia. Ainda em meio à censura e ao bipartidarismo artificial, ele vislumbrava o papel que a televisão viria a desempenhar com a volta da democracia. Sabia o sociólogo que partidos, sindicatos e todas as demais organizações sociais que se constituiriam depois da ditadura não teriam jamais uma força comparável à da televisão. E a história comprovou isso.

Na atual campanha não há nas telas uma disputa entre siglas partidárias representativas de idéias e programas de governo. O jogo é entre publicitários, remunerados a peso de ouro para apresentar os candidatos em embalagens atraentes. Esses profissionais não são cidadãos, são mercadores que exaltam qualquer tipo de idéia ou valor, desde que bem pagos. São do tipo que ao ouvirem falar em ideologia ou compromisso social perguntam o preço.

A televisão e os candidatos se entregaram a esses tipos. Mas poderia ser diferente. A existência de um horário político gratuito no rádio e na TV é um avanço democrático. Dá liberdade aos partidos para se mostrarem sem qualquer tipo de interferência externa. Seria o momento da verdade, no qual idéias, valores e programas de governo estariam expostos à análise do eleitor que, esclarecido, faria sua escolha.

Como hoje não é assim, só nos resta apurar o senso crítico, estimulando a discussão política onde e como for possível. E por que não na escola, local privilegiado para o exercício do debate democrático de alto nível, capaz de ajudar a neutralizar o efeito perverso da "marquetagem" eleitoral?

(agosto de 2002)

MENSAGENS DA TERRINHA

Televisão com publicidade entre um programa e outro, ou mesmo dentro deles, na forma de *merchandising*, parece ser a coisa mais normal do mundo, ao menos para nós brasileiros, que crescemos assistindo à TV desse jeito. Na Europa, no entanto, o fenômeno é recente e provoca intenso debate. Até há pouco tempo, em alguns países, existiam apenas televisões públicas ou estatais, sem publicidade. Em outros, a propaganda era apenas tolerada e recebia "o mais humilde lugar à mesa, ao contrário dos Estados Unidos, onde era tratada como visitante de honra do *broadcasting*", no dizer de um autor norte-americano que nunca escondeu sua simpatia pelo modelo europeu[*].

Só que ele escreveu isso há mais de quinze anos. A televisão européia mudou e a propaganda foi assumindo cada vez mais os melhores lugares à mesa. A TV cidadã foi dando espaço à TV de consumo.

A luta pela audiência cresceu e o nível da programação baixou. Para nós, que temos escassas referências de uma boa televisão pública, salvo os lampejos fugazes da TV Cultura em São Paulo – e, mais recentemente, da TVE, do Rio Grande do Sul, e da Rede Minas –, fica difícil entender o mal-estar que a televisão privada causa em alguns círculos europeus

---

[*] SEPSTRUP, Preber. "The economic dilemma of television advertising". *European Journal of Communication*, I (4), pp. 383-405.

preocupados com o crescimento da mercantilização da TV. Lá ocorre o contrário: é difícil assimilar a existência de uma televisão voltada apenas para o mercado, ainda mais quando elas operam em países que mantêm emissoras públicas.

O debate chega agora a Portugal, onde dois canais privados dividem o espaço televisivo com outros dois da Rádio e Televisão Portuguesa, controlada pelo Estado. Diante da ameaça de privatização de pelo menos uma dessas duas emissoras, formam-se grupos de discussão e de pressão política para evitar que isso ocorra. E a universidade contribui produzindo trabalhos acadêmicos de sustentação ao debate. Dois deles foram transformados em livros e merecem nossa atenção.

Nuno Goulart Brandão escreveu *O espectáculo das notícias* (Notícias Editorial, Lisboa, 2002), obra na qual analisa o telejornalismo português e defende a existência da televisão pública como "um concorrente de qualidade perante a iniciativa privada". E Ana Paula Fernandes, em a *Televisão do público* (Minerva Coimbra, Coimbra, 2001), mostra como a TV portuguesa se transformou com o surgimento das emissoras privadas.

Portugal vê novelas globais em um dos seus canais privados. Chegou a hora de um novo intercâmbio com o Brasil, mais útil e produtivo: o das idéias a favor de uma televisão um pouco melhor, lá e cá. Os livros citados podem ser um bom começo.

(setembro de 2002)

O NOVO CONGRESSO

Acabamos de eleger nossos representantes no Congresso Nacional. Caberá a eles a tarefa de mudar para melhor o atual modelo institucional de televisão existente no Brasil. Para tanto é preciso exercer marcação cerrada em cima de deputados e senadores. Mesmo porque as pressões do outro lado, daqueles que detêm concessões e lutam para que nada mude, são terríveis.

Há no Congresso, pairando sobre os partidos, três grandes e poderosas bancadas: a da terra, defendendo o latifúndio; a do céu, evangélica; e a do ar, formada pelos representantes dos concessionários de canais de rádio e televisão. Esta última introduziu na Constituição de 1988 um parágrafo que tornou praticamente perpétuas as concessões então existentes. Diz ele: "A não renovação da concessão ou permissão dependerá de aprovação de, no mínimo, dois quintos do Congresso Nacional, em votação nominal".

Trata-se de um número de votos praticamente impossível de ser obtido nessa matéria. Parte significativa dos parlamentares tem interesses em empresas de rádio e TV, e os demais teriam muita dificuldade de votar nominalmente contra uma emissora poderosa. Se o fizessem poderiam estar cometendo um suicídio político, na medida em que seriam, com certeza, banidos das telas e dos microfones.

Apesar de tudo isso, no final da atual legislatura surgiu na Comissão de Direitos Humanos da Câmara uma proposta corajosa. Foi lançada a campanha "Quem financia a baixaria é contra a cidadania", incentivando o boicote à compra de produtos anunciados em programas de baixa qualidade.

O presidente da Comissão, deputado Orlando Fantazzini (PT-SP)*, passou a ser imediatamente atacado em programa do SBT. A campanha, no entanto, deve ir em frente. Ela conta com a adesão de importantes entidades da sociedade civil e pretende monitorar as emissoras indicando os programas que – de forma sistemática – desrespeitam convenções internacionais assinadas pelo Brasil, princípios constitucionais e a legislação em vigor, que protegem os direitos humanos e a dignidade do cidadão.

A referência a leis e convênios internacionais é importante porque afasta qualquer insinuação de censura e mesmo o falso moralismo ou as avaliações ideológicas. O que se quer é o respeito aos instrumentos jurídicos com os quais o Brasil está comprometido. Tais instrumentos representam conquistas históricas, fruto do esforço de gerações de cidadãos, e cabe a todos nós preservá-los. "A liberdade de empresas de propagar a violência, a pornografia e a humilhação deve ter limites, definidos na legislação", diz o texto de lançamento da campanha. Cabe aos recém-eleitos o prosseguimento da tarefa. Nosso apoio pode ser dado pelo site http://www.eticanatv.org.br ou pelo endereço eletrônico eticanatv@camara.gov.br.

(outubro de 2002)

---

* Em setembro de 2005, o deputado federal Orlando Fantazzini desfiliou-se do PT, ingressando no PSOL.

PRODUÇÃO EXPERIMENTAL

Existe na Inglaterra uma emissora de televisão que não produz nenhum programa, só transmite. É o Channel Four, mais conhecido no Brasil por seus grandes êxitos cinematográficos, como *Quatro casamentos e um funeral* (1994). Criado para fortalecer a experimentação na TV, é hoje um sucesso. De vez em quando um canal por assinatura aqui no Brasil mostra alguma produção bancada pela emissora inglesa. São sempre de boa qualidade.

É uma prática que amplia o mercado de trabalho dos produtores de televisão e estimula a ousadia. A mesmice na TV é pior que a baixaria. Ela estabelece a ditadura do igual, tirando de grande parte do público o direito de ver o que lhe agrade. Lembram-se de *Os Maias*? Sua audiência, em torno de 20 pontos, era pouca para a Globo, que não insistiu em produções do mesmo nível. Para onde foram os telespectadores que davam aquele índice? Com certeza desligaram a TV, abdicando do direito de receber um serviço público como é a televisão.

Está na hora de algumas emissoras, especialmente as públicas e estatais, abrirem espaço para produções independentes ousadas e de qualidade. Material para isso não falta; é só anunciar que aparecerão realizadores competentes por esse Brasil todo. Também não faltará assunto. O país detém riqueza e diversidade culturais de fazer inveja ao mundo. Só que ela não aparece na televisão, sempre amarrada a interesses comerciais de curto prazo, inibidores da ousadia.

Ainda que longe do modelo do Channel Four, surge agora na Rede Record, às 22 horas das quintas-feiras, uma série que pode nos tirar da mesmice. Está no ar a *Turma do Gueto*, com atores negros saindo da área de serviço e assumindo papéis principais. São 16 capítulos, cada um com uma hora e meia de duração, mostrando o cotidiano da periferia paulistana. Tema distante das preocupações globais.

A trama gira em torno de um professor universitário que volta a São Paulo para dar aulas numa escola pública. Lá ele convive com o desemprego e o tráfico de drogas, reencontra sua ex-namorada e se envolve com uma aluna. É um avanço temático, ainda que parcial. Se a nova série da Record não deixa mais o negro na cozinha da família branca, ainda o exclui das zonas mais favorecidas da cidade, onde vive uma classe média negra pouco retratada pela televisão.

Apesar disso, cabe acompanhar a série com atenção, esperando que, ao contribuir para sacudir a pasmaceira reinante, ela estimule o surgimento de outros projetos inovadores. É do que necessita com urgência a pobre e redundante televisão brasileira.

(novembro de 2002)

OS JOVENS ALIENISTAS

Era para ser mais um trabalho rotineiro de estudantes. Desses que são feitos a cada semestre, discutidos em classe e avaliados pelo professor com alguns comentários e uma nota final. Depois são arquivados e se perdem até na memória. Mas desta vez foi diferente.

Cinco alunos do quarto ano de Jornalismo da Escola de Comunicações e Artes da USP resolveram ousar. Com muita dificuldade, depois de vários debates, chegaram ao tema: os métodos de tratamento psiquiátrico. A forma já estava predefinida, uma vez que o trabalho era para a disciplina Projetos em TV; dentre os gêneros televisivos, os alunos optaram pelo documentário, formato quase em extinção na televisão comercial brasileira.

Com determinação, entusiasmo e persistência, foram à luta. Pesquisaram o assunto, descobriram instituições e personagens exemplares, elaboraram um roteiro inicial, captaram imagens e depoimentos, editaram, sonorizaram e finalizaram o trabalho. O resultado é primoroso e de nenhum modo poderia simplesmente ficar depositado numa prateleira da videoteca da universidade. Aí começa outra batalha: a da veiculação.

Televisão comercial nem pensar. Lá o espaço para programas de qualidade, quando existe, é muito restrito. Sobrou, com sinal aberto, a TV Cultura, e nela houve sensibilidade suficiente para não só reconhecer o nível do documentário como para exibi-lo em rede nacional, no horário nobre.

Fecha-se assim um ciclo importante: a produção ocorreu na USP, uma universidade pública que, com o trabalho, devolve à sociedade parte do que nela é investido. E a veiculação é feita por uma televisão pública, responsável pela apresentação de alternativas às exigências mesquinhas do mercado.

Cabe falar do conteúdo. O documentário mostra uma experiência inovadora no tratamento psiquiátrico no Brasil, desenvolvida pelo Serviço de Saúde Cândido Ferreira, de Campinas (SP), onde o trabalho remunerado devolve a auto-estima aos pacientes, reintegrando-os às famílias e à sociedade. Em contraposição, há o relato dramático de Austregésilo Carrano, autor do livro *Canto dos malditos* (Rocco, 204 págs.), inspirador do filme *Bicho de sete cabeças*. Trazido de Curitiba, onde mora, para o estúdio da ECA, ele faz um relato do sofrimento vivido em hospitais psiquiátricos tradicionais.

Mas apesar do tema pesado, o tratamento é leve, em alguns momentos até bem-humorado, dando ritmo à edição e prendendo a atenção do telespectador. Talvez por tudo isso *Muito além da razão*, título do trabalho, tenha ganhado o 24º Prêmio Jornalístico Vladimir Herzog de Anistia e Direitos Humanos, na categoria Televisão – Documentários. Uma recompensa preciosa para jovens que iniciam a carreira apontando para um caminho que une a competência jornalística ao compromisso social.

(dezembro de 2002)

DIREITO DE ESCOLHA

Agora, para quem tem algum dinheiro, ficou mais fácil assinar uma linha telefônica. A oferta aumentou. Mas, quando surgem problemas, o atendimento nem sempre é dos melhores. Quantas vezes, ao reclamar de algum serviço de uma concessionária de telefonia, ficamos horas pendurados no telefone, ouvindo musiquinhas horríveis de propaganda que só aumentam nossa irritação? Ou então sendo obrigados a digitar uma tecla atrás da outra para no final dar ocupado ou cair a ligação?

Quando se consegue falar com um ser humano, e não com outra gravação, há uma sigla mágica que ajuda a apressar o atendimento: é a Anatel. Experimente dizer que não agüenta mais e vai fazer uma queixa à Agência Nacional de Telecomunicações, reguladora do setor. O tratamento muda.

Pois bem, temos agora um novo governo[*], motivo de grandes e fundadas esperanças. Para a televisão, há duas tarefas que, se realizadas, mudarão a face do país. Uma delas é a criação de uma agência semelhante à Anatel para o controle do serviço público de rádio e televisão. Uma agência que receba nossas reclamações e tenha poder para impor sanções. Rádio e televisão são concessões públicas e

---

[*] Luiz Inácio Lula da Silva (PT) foi empossado Presidente da República em Brasília no dia 1º de janeiro de 2003, sucedendo a Fernando Henrique Cardoso (PSDB).

devem ser oferecidos a toda a população, assim como água, luz, transporte, correio e telefone.

Só que grande parte da população não tem esse direito assegurado. A programação da televisão é tão igual que quando você muda de canal vê a mesma coisa, não restando outra alternativa senão desligar o receptor. Ao fazer isso, o telespectador está abrindo mão do direito de acesso à TV, está reduzindo a cidadania. Como resolver o problema? Com a criação de uma agência reguladora capaz de analisar e julgar os pedidos de concessão e de suas renovações, exigindo que as empresas candidatas apresentem propostas de programação que levem em conta a diversidade cultural do país.

Pode haver até alguma rede com novela ou programa de auditório. Mas no mesmo horário, em outro canal deve estar no ar um documentário, um telejornal, um musical de qualidade ou mesmo uma partida de futebol. O que importa é a variedade, em vez da mesmice medíocre dos dias atuais – e a existência de um espaço institucional capaz de receber e encaminhar nossas inquietações e angústias.

Para isso, basta que o novo governo envie ao Congresso Nacional uma nova Lei de Comunicação Eletrônica de Massa, substituindo a atual Lei de Radiodifusão, em vigor há 40 anos. A modernização pode contemplar a criação de uma agência reguladora, indispensável para a fiscalização de todos o serviços públicos privatizados, como são o rádio e a TV.

A outra tarefa do novo governo deverá ser o fortalecimento da rede pública de televisão, para que esta possa competir com a TV comercial, obrigando-a a melhorar a qualidade da programação. Tratarei disso em mais detalhe futuramente. Por hora, só resta torcer e ajudar para que tudo dê certo.

(janeiro de 2003)

CONTROLE DE QUALIDADE

O momento para melhorar a qualidade da televisão brasileira é este. Há necessidade urgente do envio ao Congresso Nacional de uma nova Lei de Comunicação Eletrônica de Massa, que inclua a criação de uma agência reguladora para o rádio e a televisão, assunto que já foi tratado aqui. A outra medida, com o mesmo objetivo, é o fortalecimento das emissoras públicas e estatais. Só elas poderão oferecer um parâmetro de qualidade, capaz de puxar para cima o nível da televisão comercial.

Livre das disputas por fatias do mercado publicitário, a televisão não-comercial pode ousar, investindo na experimentação e exibindo aquilo que de melhor o espírito criador do ser humano tem para mostrar. Não há nessa proposta nada de novo. Aqui mesmo, no Brasil, a TV Cultura de São Paulo fez esse papel, no início dos anos 1990. A programação infantil então exibida, em que se destacavam produções como *Mundo da Lua*, *Rá-Tim-Bum* e *Bambalalão*, conquistou parcela significativa da audiência e passou a incomodar a televisão comercial. A conseqüência imediata foi a busca, pelo SBT, de produtores da Cultura, levados para o novo endereço com a missão de montar uma faixa infantil de melhor qualidade, capaz de concorrer com a da emissora pública.

O exemplo, além de revelar a importância das emissoras públicas e estatais como indutoras da melhoria da qualidade da TV comercial, desmente também a afirmação recorrente dos defensores do atual modelo de que o público gosta da vulgaridade. Tanto não gosta que, quando lhe é oferecida uma alternativa melhor, o telespectador muda de canal, como ocorreu com os infantis da Cultura. O problema é que essa oferta está cada vez mais rara e aí fica difícil alguém gostar do biscoito fino – na expressão de Oswald de Andrade – sem nunca tê-lo provado.

A oportunidade de apresentar ao público programas televisivos mais bem apurados é imediata. As emissoras federais, sob nova direção, têm o dever de liderar uma rede nacional de emissoras públicas e estatais capaz de concorrer com as redes privadas. É assim que a qualidade ainda se mantém em alguns países da Europa, onde os canais mantidos pela propaganda disputam palmo a palmo a liderança da audiência com as emissoras públicas. Três exemplos: na Alemanha, as emissoras públicas têm cerca de 43% da audiência, na França, 45%, e na Inglaterra, 53%.

Eis aí outros índices que devem ser perseguidos pelo novo governo. Além de baixar a taxa de juros e evitar o crescimento da inflação, é preciso também aumentar as taxas de audiência das emissoras públicas e estatais, elevando o nível da programação para o bem da saúde mental do país. Não é só a economia que está na UTI, como lembrou o presidente Lula. A televisão também está doente, contaminando a cultura e todos os laços de civilidade ainda existentes por aqui. Se ao final deste governo pudermos assistir a uma rede pública de televisão forte e de qualidade, teremos dado um passo decisivo em direção à soberania cultural e política do país.

(fevereiro de 2003)

PROGRAMAÇÃO EM DEBATE

Não dá para falar de globalização sem falar da TV. Do ponto de vista cultural, ela se tornou o principal instrumento de homogeneização de hábitos, valores e idéias ao redor do planeta. Por isso causou surpresa, no ano passado, a realização de apenas um debate sobre televisão no Fórum Social Mundial de Porto Alegre (RS). Este ano, as coisas mudaram no evento. Aumentou o número de mesas-redondas, seminários e oficinas tratando do assunto.

Vale destacar três palestras: as que abordaram a responsabilidade social da TV, o controle público desses veículos e a estruturação dos sistemas de comunicação no Brasil. Esta última teve a presença do economista Márcio Wohlers, representando o novo ministro das Comunicações, e discutiu a necessidade de uma nova legislação para o setor.

A lei em vigor, de 1962, criada para uma televisão em preto-e-branco, legisla sobre um sistema prestes a ser totalmente digitalizado. O Ministério, segundo seu representante, está disposto a elaborar um cronograma de trabalho com as entidades da sociedade civil que tratam do tema e anunciou o empenho de levar em conta para a adoção do sistema digital o modelo brasileiro em fase de desenvolvimento.

O controle público das emissoras fez parte de um acalorado debate entre representantes das empresas de televisão e integrantes da campanha lançada pela Comissão de Direitos Humanos da Câmara dos Deputados pela ética na TV. A proposta de um Conselho Nacional – formado por pessoas representativas dos mais diversos setores da sociedade, com competência para receber as críticas dos telespectadores, analisá-las e encaminhá-las às emissoras, tendo poder de puni-las – foi endossada por toda a platéia do seminário. Só ficaram contra dois integrantes da mesa, ligados às concessionárias de rádio e televisão. No mesmo evento foi lançada a cartilha da campanha "Quem Financia a Baixaria é Contra a Cidadania".

Modelos internacionais de responsabilização social das emissoras de TV foram apresentados em outro importante seminário, um dos mais longos do Fórum. O jornalista Lucio Mesquita, chefe do serviço das Américas da BBC de Londres, mostrou como é possível – num país democrático e sem censura – exigir da televisão respeito ao telespectador.

Ao final do seminário, foi proposta a realização de uma campanha pela supressão do parágrafo 2º do artigo 223 da Constituição. Ele praticamente perpetua as concessões em vigor ao exigir que qualquer não-renovação seja aprovada por dois quintos do Congresso Nacional, em votação nominal. Esse número é praticamente impossível de ser obtido, na medida em que grande parte dos parlamentares tem interesses pessoais nas concessões e os que não têm, caso votem por uma não-renovação, correm o risco de sumir das telas e microfones, abreviando a carreira política.

Não foi, portanto, apenas em quantidade que o Fórum de Porto Alegre avançou neste ano. Começaram a surgir propostas concretas para melhorar a qualidade da televisão no Brasil. Sem dúvida um grande avanço.

(março de 2003)

QUEM FINANCIA A BAIXARIA É CONTRA A CIDADANIA
Tel.: 0800-619-619 • Sites: www.camara.gov.br/cdh • www.eticanatv.org.br

O ESPETÁCULO DA NOTÍCIA

Muito se tem falado das distorções políticas do telejornalismo brasileiro. Os exemplos de partidarização são repetidos constantemente. O que ainda pouco se comenta são as deformações culturais e os preconceitos transmitidos como se fossem valores comuns a toda sociedade.

Uma tese de doutoramento defendida na Escola de Comunicações e Artes da USP, embora não diretamente voltada para o assunto, toca nessa ferida. Ivete Cardoso Roldão, a autora, discorreu com competência sobre *A linguagem oral no telejornalismo brasileiro*. Foi aos manuais de redação, entrevistou telejornalistas e mostrou como vai sendo criado um padrão próprio para o falar televisivo no Brasil, que se distancia gradativamente de sua origem, o modelo norte-americano.

Ao detectar a busca constante de uma linguagem coloquial que aproxime a fala da TV do universo cultural da maior parte possível dos telespectadores, o trabalho revela a contaminação da notícia pelo espetáculo. A autora cita o sociólogo francês Pierre Bourdieu ao lembrar que "nossos apresentadores de jornais televisivos, nossos animadores de debates, nossos comentaristas esportivos tornaram-se pequenos diretores de consciência que se fazem, sem ter de forçar muito, os porta-vozes de uma moral tipicamente pequeno-burguesa, que dizem 'o que se deve pensar' sobre o que chamam de 'os problemas da sociedade', as agressões nos subúrbios ou a violência na escola". Não é isso que faz toda noite o *Jornal da Re-*

cord, de forma explícita, ou mais sutilmente o *Jornal Nacional*? Para não falar do *Cidade Alerta* e dos seus clones*, verdadeiros infernos televisivos dos finais de tarde.

Ivete Roldão lembra os repórteres e apresentadores "que se destacam na condução de reportagens muito mais pela presença em cena do que pela qualidade da informação". Podendo-se acrescentar que, ao procederem assim, expõem-se como artistas, encenando um espetáculo em que a notícia é apenas um mote para destilar preconceito e arrogância.

Salvo raras exceções, a intenção é assustar o telespectador, mostrar que o perigo ronda a sua porta e apresentar a solução mais fácil e rápida – ou seja, mais violência. Essa pobreza de raciocínio vale também para a economia, a política e até para o futebol. Expõe-se um problema e logo é dada a solução, com muita veemência e verborragia. Ao telespectador não é dado o direito de refletir, raciocinar e elaborar a própria opinião. Tudo já vem pronto, com o nítido objetivo de reforçar o conservadorismo arraigado em amplas camadas da população. A televisão rouba, dessa forma, o direito à reflexão e a transformação do próprio indivíduo e da sociedade.

Mais ninguém é obrigado a suportar essa lavagem cerebral diária sem reagir. E não é desligando a TV que se faz isso. Informação pela televisão é um direito constitucional de todo cidadão. Por isso é necessário exigir que ela chegue a nossa casa com qualidade, isenção e livre de preconceitos.

(abril de 2003)

---

* A partir da segunda metade da década de 1990, uma série de programas policiais – ou policialescos – invadiu os finais de tarde da televisão brasileira. Os títulos revezaram-se entre Rede Bandeirantes, Rede Record e Rede TV; *Cidade Alerta*, *Brasil Urgente*, *Repórter Cidadão*, para citar alguns. Todos, porém, guiados por um fio condutor que envolve o maniqueísmo, a banalização da violência e o discurso moralista como solução de todos os problemas. A perda de patrocínios, resultante de pressões da sociedade, determinou o fim de alguns desses programas.

GUERRA DE IMAGENS

Guerra se resume a aço dilacerando carnes, gases paralisando corações, chamas queimando corpos. O resto é pirotecnia eletrônica mostrada pela televisão, como aconteceu na primeira guerra do Golfo, em 1991. Na época, víamos, todos os dias, os clarões das bombas cruzando os céus de Bagdá supostamente em busca de alvos militares – os chamados "ataques cirúrgicos", na linguagem cínica do governo estadunidense. Depois, percebemos que era tudo farsa. Milhares de civis foram mortos, o que o mesmo cinismo da época, repetido hoje, denominava "efeitos colaterais". Ou seja, assassinatos.

Doze anos depois, com o Iraque enfraquecido, vítima de um longo embargo econômico, e com a modernização cada vez mais acelerada das armas destruidoras, os Estados Unidos esperavam que a invasão e a tomada de poder fossem rápidas e tranqüilas. Para isso, contavam também com outra arma: a televisão.

Como tudo parecia fácil, o governo norte-americano foi além do *replay* de 1991. Mais do que as "luzinhas" cruzando os céus de Bagdá, poderíamos ter também imagens do avanço do exército em terra. Esse trabalho foi confiado a jornalistas "embutidos" nas tropas. O sonho era de que eles pudessem mostrar, em primeira mão, a felicidade dos iraquianos sendo "libertados" pelas forças invasoras. Esperava-se que as cenas de alguns árabes se entregando em estradas desertas, vistas nos primeiros dias da guerra, fossem se repetir inúmeras vezes. Nada disso aconteceu.

Na guerra física, a resistência dos iraquianos foi maior; na virtual, surgiu um elemento surpresa: a presença das emissoras de televisão do mundo árabe no cenário da guerra. A Al-Jazeera, a Abu Dhabi TV, a Al Alam, entre outras, passaram a transmitir imagens que, em 1991, ninguém sonharia ver. Estavam ali, na nossa casa, soldados norte-americanos presos e mortos, helicópteros britânicos abatidos, bairros de Bagdá arrasados, civis – homens, mulheres e crianças – massacrados.

Ninguém ao redor do mundo pôde esconder essas imagens, apesar da censura imposta dentro dos Estados Unidos. Lá, o processo de controle da informação começou bem antes da invasão. Desde o atentado contra o World Trade Center, a mídia, especialmente o rádio e a televisão, vinha tentando conquistar "corações e mentes" para formar uma base de apoio aos ataques do império. Primeiro foi o Afeganistão, depois o Iraque.

A geração que hoje ocupa o poder nos Estados Unidos viveu a guerra do Vietnã. E se lembra do papel decisivo da televisão na reversão do apoio popular à ofensiva estadunidense no sudeste asiático. A maioria silenciosa do país que, na época, apoiava a luta contra o "comunismo internacional", começou a mudar de idéia quando, na hora do jantar, viu na TV seus filhos chegarem de volta ao país enrolados em sacos plásticos ou seus generais matando mulheres e crianças com napalm nas aldeias vietnamitas. A cena da garota queimada correndo sem roupa pela estrada tornou-se o símbolo da derrocada norte-americana. A síndrome do Vietnã está presente em 2003 nos apelos do secretário de Defesa dos Estados Unidos, Donald Rumsfeld, às redes de televisão para que não mostrem imagens semelhantes do Iraque.

Se, com o início da guerra, a censura dentro dos Estados Unidos cresceu, desmontando, outra vez, o decantado respeito às liberdades civis, no resto do mundo as imagens continuaram a circular com desenvoltura. Nunca uma ação militar, em toda a história da humanidade, foi tão fartamente documentada. Se lembrarmos que a primeira cobertura jornalística de uma guerra aconteceu há exatos 150 anos, devemos convir que, nesse ponto, evoluímos bastante. Durante a guerra da Criméia (1853–1856), um solitário correspondente do *The Times*, de Londres, William Howard Russell, enviava textos e desenhos dos campos de batalha pelo correio.

A cada grande conflito armado, um novo instrumento de comunicação se agrega ao processo de transmissão de informações. Na Guerra Civil Norte-Americana (1861–1865), os jornalistas já contavam com o telégrafo; na Primeira Guerra Mundial (1914–1918), com a fotografia e o cinema; na Segunda Guerra Mundial (1939–1945), com o rádio; no Vietnã (1961–1973), com a TV; e agora, nos conflitos da virada do século, com a internet.

Apesar de todas as restrições militares, comuns a todas as guerras, os avanços tecnológicos foram gradativamente ampliando o volume de informações transmitidas até chegarmos ao nível atual. Hoje, não faltam notícias. Resta saber selecioná-las. Em primeiro lugar, distinguindo o que é mera propaganda do que é fato. Para quem tem televisão por assinatura no Brasil – uma privilegiada minoria –, essa é uma tarefa interessante. Embora as imagens muitas vezes se repitam num canal e noutro, é possível ir percebendo distinções que, aos poucos, vão formando um quadro mais aproximado da realidade.

Para a maioria dos brasileiros que só vê televisão aberta, resta pouco. Não que o *Jornal Nacional*, da Globo, ou seus concorrentes não mostrem a guerra com certa independência. As imagens estão lá, muitas vezes produzidas pelas próprias emissoras árabes. Mas, como sempre no telejornalismo brasileiro, faltam explicações. Um fenômeno como esse, que assusta a humanidade, mereceria debates diários em horário nobre, para contextualizar a guerra, informando seus componentes estruturais e desfazendo preconceitos.

Só assim evitaríamos que se repetisse a situação de constrangimento vivida por uma professora de Belo Horizonte ao ouvir seu aluno dizer que os Estados Unidos estavam atacando o Iraque porque Saddam Hussein derrubou as torres gêmeas de Nova York. Aliás, o episódio de 11 de setembro de 2001 foi mostrado na nossa televisão sem nenhum comentário crítico. Longe de esclarecer, a TV brasileira ainda contribui para ampliar a desinformação.

(maio de 2003)

JÁ FOI MELHOR

A Record completa 50 anos em setembro. Controlada pela Igreja Universal do Reino de Deus, ela tem hoje pouco que ver com suas origens. Basta comparar a programação de cada época – como fez a *Folha de S.Paulo*, recentemente – para sentir a diferença. Horários que até pouco tempo eram de Ratinho, Datena e assemelhados (hoje ocupados por Adriane Galisteu e *Roleta Russa*) exibiam, nos anos 1950 e 1960, programas que se tornaram antológicos na televisão brasileira: *O Fino da Bossa*, festivais de MPB, *Família Trapo*, Jovem Guarda, entre muitos outros.

Por que tanta diferença? Porque a televisão surgiu num momento muito especial da história brasileira. Parecia que tudo ia dar certo. De qualquer lado que as pessoas se colocassem no espectro político, havia esperanças. Uns apostavam na inserção soberana do país na órbita do capitalismo internacional; outros acreditavam no encontro do Brasil com uma das vertentes do socialismo espalhadas pelo mundo. O fim da Segunda Guerra Mundial, o processo acelerado de industrialização induzido pelo Estado e a urbanização das grandes cidades brasileiras davam alguma consistência aos sonhos.

A TV se instalou em São Paulo nesse clima, ao lado das curvas e dos jardins do Parque do Ibirapuera, criadas por Niemeyer e Burle Marx, para as comemorações do Quarto Centenário da cidade. Da efervescência da USP, na rua Maria Antonia, e de sua sociologia liderada por Florestan Fernandes, do concretismo, das artes plásticas e dos modernos museus em surgimento. E principalmente do Teatro Brasileiro de Comédia e das obras de Jorge Andrade, que foram aos poucos levando a linguagem teatral para a televisão, disputando no interior do novo veículo um espaço inicialmente ocupado apenas pela herança radiofônica.

Para entender por que a televisão brasileira em seu início era tão diferente da atual é preciso ler *Metrópole e cultura* (Edusc, 482 págs.), de Maria Arminda do Nascimento Arruda. É ela quem lembra e analisa os fatos e nomes acima citados, procurando, por meio de suas linguagens, "iluminar o problema da cultura em São Paulo de meados do século XX, caracterizada pela absorção do progresso, da modernização, da racionalidade, da linguagem especializada".

Metrópole e cultura torna-se leitura imprescindível para quem quiser compreender melhor a cidade de São Paulo e suas realizações culturais, entendida a televisão como uma delas. Até no Brasil um outro modelo de programação já foi possível, como o da Record dos anos 1950 e 1960.

(junho de 2003)

UM A ZERO

Está no ar o programa mais engraçado da TV brasileira. E isso não é propaganda, não. Trata-se da constatação de que finalmente é possível voltar a rir diante da telinha, o que não acontecia comigo desde o fim da *Família Trapo*, lá pelos anos 1960. O autor da façanha é o *MTV Rockgol*, um campeonato de futebol disputado por músicos divididos em doze equipes e transmitido hilariamente pela MTV.

Não é fácil fazer humor de qualidade na televisão, um veículo que atinge públicos amplos, com culturas diversificadas. O que é engraçado para alguns, pode ser grotesco para outros. Diante dessa dificuldade os pretensos programas humorísticos apelam para os preconceitos disseminados na sociedade e, com isso, reforçam várias formas de discriminação social. Humilha-se o pobre, o negro, o homossexual, a mulher burra, buscando nivelar a audiência por baixo. Quem ri é quem se sente diferente, superior aos humilhados. É difícil avaliar o sofrimento acumulado por aqueles que são alvos do preconceito. Esse humor é um humor triste, um humor que provoca dor.

Para escapar da tentação fácil de fazer rir apelando para preconceitos, é preciso mais do que engenho e arte. É necessária uma boa dose de auto-ironia e, acima de tudo, uma cumplicidade do grupo sobre o qual se desenvolve a anedota. Um exemplo clássico desse fenômeno é dado pelo humor judaico. Nele as histórias revelam situações ambíguas, em que as fragilidades pessoais são compartilhadas por todos que podem ser, ao mesmo tempo, contadores da piada ou vítimas dela. Não há relação de subordinação entre espertos e bobos. Vale a pena ler sobre o assunto em *Do Éden ao divã: humor judaico* (Moacyr Scliar, Eliaku Toker, Patricia Finzi, Editora Shalom, 1990, 214 págs.). O mesmo se pode dizer sobre o fino humor britânico, que ao chegar à televisão não perdeu a linha. Para comprovar basta assistir aos clássicos do grupo Monty Python ou a autogozação permanente do Mr. Bean.

Esse é o espírito que conduz o humor do *MTV Rockgol*. Músicos sem nenhuma pretensão a craque disputam partidas de futebol com muito ardor e voluntariedade. Os jogos são transmitidos de forma que, a um só tempo, exponha a precária técnica dos jogadores, que têm consciência dela, e mostre quanto são ridículos aqueles que tratam com seriedade exagerada os jogos de futebol transmitidos pela TV.

Os autores da proeza, Paulo Bonfá e Marcos Bianchi, saíram-se tão bem nas edições anteriores do *MTV Rockgol* que agora comandam também uma mesa-redonda semanal na emissora. O programa lembra uma cena do filme *Boleiros*, de Ugo Georgetti, e é muito mais sério – apesar de ser humorístico – do que seus similares que congestionam a TV brasileira nas noites de domingo.

(julho de 2003)

ALVO FÁCIL

Se *Tiros em Columbine* não estiver mais em cartaz nos cinemas, vale a pena procurar nas locadoras. Por vários motivos, entre eles pelas pistas que dá sobre a relação entre os programas policiais da TV e o aumento da violência nos Estados Unidos. Michel Moore, o autor, mostra dados impressionantes. Enquanto a criminalidade cai em algumas regiões do país, a televisão aumenta a quantidade de crimes exibidos. O resultado é o medo crescente da população.

O autor do documentário quer saber por que os estadunidenses têm tantas armas e as usam com tanta freqüência. Para isso, compara o seu país com Canadá e Inglaterra, onde os assassinatos são significativamente menores. Moore mostra que a resposta não está nos níveis de renda nem na forma de sua distribuição, semelhantes nos três países. Procura por diferenças raciais significativas e não encontra.

Os contrastes só surgem quando a televisão entra em cena. E eles são gritantes. Apenas nos Estados Unidos existem programas policiais semelhantes aos brasileiros, em que a violência social é potencializada, gerando um clima de insegurança que beira o pânico. Nos outros países, o crime é noticiado, mas não se transforma em espetáculo televisivo. Já na televisão dos Estados Unidos, perseguições a assaltantes, tiroteios nas ruas, estupros e assassinatos estão na pauta diária dos programas sensacionalistas. Quem os assiste passa a acreditar que só é possível andar pelas ruas com alguma segurança se estiver armado, estimulando uma trágica espiral de violência.

Aqui as coisas não são diferentes. *Cidade Alerta*, da Record, *Repórter Cidadão*, da Rede TV, *Brasil Urgente*, da Bandeirantes, e *Linha Direta*, da Globo, cumprem esse papel atemorizador. Crianças e pessoas idosas são as maiores vítimas. Há relatos de psicanalistas infantis associando a irritabilidade e o medo de seus pacientes ao que eles vêem na televisão, além de familiares de pessoas mais velhas relacionando distúrbios de comportamento gerados por esse tipo de programa.

Isso sem contar o sintomático depoimento de um jornalista brasileiro sobre uma visita a Angola. Lá, num país recém-saído de uma guerra civil e que assiste a *Cidade Alerta*, perguntaram-lhe como conseguia viver numa cidade tão violenta como São Paulo. Para o cidadão angolano que fazia a pergunta, a violência paulistana mostrada na TV era muito mais perigosa do que o convívio de décadas com a guerra.

Se nos Estados Unidos, onde grande parte da população tem acesso a várias fontes de informação, os programas policiais provocam tanto estrago, imaginem aqui, onde a maioria dos brasileiros tem na TV sua única janela para o mundo. Por essas e por outras é que *Tiros em Columbine* torna-se imperdível, podendo servir também como excelente material didático.

(agosto de 2003)

A CONSTRUÇÃO DO IMPÉRIO

A televisão brasileira faz 53 anos este mês. É o primeiro aniversário comemorado sem a presença dos seus dois principais mentores: Assis Chateaubriand (1892–1968) e Roberto Marinho, seu sucessor no poder nacional, nascido em 1902 e falecido no mês passado. O primeiro foi retratado com perfeição pelo jornalista Fernando Morais no livro *Chatô, o rei do Brasil* (Companhia das Letras, 736 págs.). Lá está a primeira fase da história da televisão brasileira, de 1950 até a derrocada do império dos Diários Associados, que abriu espaço para o surgimento de um novo reinado.

Roberto Marinho não perdeu a oportunidade e tomou para si a coroa. Aproveitou-se também da fragilidade da legislação brasileira no controle da concentração dos meios de comunicação, montando um conglomerado ainda mais poderoso do que o de seu antecessor. E impôs a ele uma racionalidade capitalista desconhecida pelo dono das Emissoras Associadas. Disso se apercebeu também o grupo estadunidense TimeLife ao escolher a Globo para realizar um milionário investimento, considerado inconstitucional por uma CPI do Congresso. O resultado foi o surgimento de uma rede de televisão de ponta no que se refere à qualidade técnica, mas sofrível do ponto de vista cultural e político.

Se Roberto Marinho não repetiu os erros administrativos de Chateaubriand, foi um bom aluno nas relações com o poder. Interlocutor privilegiado de todos os governos, soube deles tirar amplo proveito. Uma relação que em quase toda a história da Rede Globo obscureceu seu jornalismo.

É sempre bom lembrar alguns dos momentos paradigmáticos da Globo: a tentativa de evitar a vitória de Leonel Brizola nas eleições para o governo do Rio de Janeiro, em 1982, no caso que ficou conhecido como Proconsult; a intenção de esconder do noticiário a campanha das diretas-já, chegando a apresentar imagens de um comício em São Paulo dizendo tratar-se de festa pelo aniversário da cidade; a edição distorcida do debate Lula–Collor, no final da campanha presidencial de 1989; e a presença de câmeras bem localizadas e com estranha antecedência para cobrir um arrastão nas praias do Rio, um pouco antes das eleições nas quais Benedita da Silva aparecia como favorita. Isso para não falar dos casos miúdos de todo dia.

Na teledramaturgia, de tão alardeada competência, o saldo da Globo é composto de momentos brilhantes cercados por um cotidiano de produções rasas e repetitivas. Não que faltem talentos às emissoras da família Marinho – o que falta é liberdade para criar sem maiores sujeições ao mercado. Uma lógica perversa que exclui da tela importantes manifestações culturais brasileiras.

A integração cultural do país, atribuída ao falecido dono da Globo, se fez graças a uma rede física de telecomunicações montada pela ditadura militar e usada pelas emissoras globais para unificar o mercado de consumo nacional de bens materiais e simbólicos. Com a Globo, o Brasil passou a se pautar pelo jeito ipanemense de viver, ainda que ele seja inacessível à maioria da população. O legado de Roberto Marinho à nação é pobre, desproporcional ao poder e à riqueza que ele teve nas mãos ao longo de tanto tempo.

(setembro de 2003)

ÚLTIMA CHANCE

Em poucos anos, o televisor que temos em casa estará tão ultrapassado como estão hoje os aparelhos em preto-e-branco. Em seu lugar haverá a TV digital, com uma nitidez capaz de mostrar até os fios da bola usada num jogo de tênis, além de ampliar o número de canais disponíveis. Mas isso ainda é pouco. O Sistema Brasileiro de Televisão Digital pretende ser mais ousado e transformar cada aparelho num veículo de mão dupla, integrando o usuário à rede mundial de computadores. Para tanto, seria suficiente a compra de um conversor, orçado hoje em R$ 300 (aproximadamente 100 dólares).*

No Ministério das Comunicações há entusiasmo com o andamento do projeto que poderá acabar com a exclusão digital no país. Mas, antes disso, é necessário saber a quem vai servir essa nova mídia. Pouco mais de dez anos atrás, quando se cogitava a implantação da TV por assinatura no Brasil, adeptos sem crítica das novas tecnologias diziam que elas seriam as redentoras da televisão no país. Com tantos canais à disposição, o público teria escolha farta, podendo exigir mais qualidade dos programas. Não foi o que se viu.

---

* A última oportunidade de democratizar o uso do espectro eletromagnético talvez tenha sido perdida, como já se alertava em 2003. No dia 29 de junho de 2006, o presidente Luiz Inácio Lula da Silva assinou decreto adotando o padrão japonês de TV digital para o Brasil, sob forte pressão das empresas concessionárias de canais de televisão. Com isso, fica mantido o monopólio das emissoras de TV aberta na radiodifusão do país, uma vez que o padrão adotado dificulta a entrada no sistema de novas emissoras.

Hoje, devido ao preço cobrado pelas assinaturas, essa TV ainda não atende nem a 10% da população.

Se não estivermos atentos, o fato pode se repetir com a televisão digital. Além do custo dos conversores, há duas questões que precisam ser resolvidas rapidamente: a possibilidade do ingresso de novas operadoras no sistema e a criação de normas para produção de conteúdo.

O projeto atual dá pouco espaço para a entrada de novos atores no cenário televisivo. Ou seja, corre-se o risco de termos as atuais concessionárias operando em vez de um, vários canais, pondo por terra a maior conquista da TV digital – que é a potencialização do uso do espectro eletromagnético. Talvez essa venha a ser a última oportunidade para uma real democratização da oferta televisiva no país.

Com relação ao conteúdo, é preciso saber o que queremos de uma televisão digital. Há duas alternativas: a de apenas vermos melhor o que já assistimos hoje – e, se for assim, a digitalização só servirá para que os fios do bigode do Ratinho fiquem mais nítidos na tela; ou a de que a TV digital venha para disseminar a produção cultural brasileira, ampliando os espaços destinados a programas experimentais, capazes de inovar na forma e no conteúdo, acabando com a mesmice atual. Para isso, é preciso que parte significativa dos novos canais esteja reservada a emissoras públicas, universidades e mesmo empresas dedicadas a produções de boa qualidade.

O presidente Lula disse que quer ver a Copa de 2006 numa TV digital. Esperamos que, além de mostrar o futebol com nitidez, a nova televisão ajude a educar melhor as crianças e contribua para elevar os padrões brasileiros de cidadania.

(outubro de 2003)

EM DOSES HOMEOPÁTICAS

O que mais abala as crianças diante da TV são notícias sobre fatos violentos. Essa foi a conclusão de uma pesquisa realizada na Inglaterra com jovens de 9 a 13 anos, divulgada pela BBC. Segundo o estudo, nessa faixa etária a violência em filmes e em desenhos animados é aceita com facilidade, pois fica claro que é ficção. O noticiário geral é visto pela maioria como "entediante", mas notícias espetaculares como os ataques às torres gêmeas em Nova York ou a invasão do Iraque causam grande impacto.

O relatório final diz que as notícias desses acontecimentos fizeram os entrevistados se sentir ameaçados e pessoalmente vulneráveis, podendo levá-los à ansiedade e a mudanças de comportamento. São sentimentos que se tornam ainda mais fortes quando as informações envolvem crianças ou quando o fato noticiado ocorreu em áreas próximas às suas casas.

Os órgãos reguladores do rádio e da televisão, responsáveis pela pesquisa, avaliam a possibilidade de exigir das emissoras algum tipo de alerta a ser transmitido antes da apresentação de reportagens potencialmente perturbadoras. Toda essa preocupação gira em torno de acontecimentos que não podem deixar de ser transmitidos, por mais brutais que sejam. O que está sendo pedido é apenas mais cuidado, levando-se em conta a vulnerabilidade das crianças – muito diferente do que ocorre aqui, onde a televisão opera sem controle, assustando diariamente os telespectadores com programas policiais que fazem da violência um espetáculo.

Em pleno Dia da Pátria deste ano, o *Domingo Legal* do Gugu, no SBT, tornou-se pioneiro na história da televisão mundial ao usá-la para ameaçar pessoas de morte.* Não importa que tenha sido uma farsa: o estrago foi feito e devidamente punido pela Justiça com a suspensão do programa na semana seguinte. As cenas mostradas devem ter assustado muita gente, mas não é só ele que faz isso. Os chamados programas de jornalismo policial, presentes em quase todas as emissoras, causam dano maior. São mais perniciosos e assustadores porque agem cotidianamente, inculcando o medo na sociedade em doses homeopáticas.

Se os garotos ingleses ficam abalados com guerras e grandes atentados que não acontecem todos os dias, que dizer dos jovens brasileiros, vitimas diárias de cenas brutais, registradas em seu país, muitas vezes em sua cidade ou em seu bairro. Infelizmente não temos no Brasil órgãos reguladores para a televisão como os da Inglaterra. Sem eles ficamos sem saber quais os males que esses programas causam em nossas crianças – e, o que é pior, sem ter ninguém que nos defenda de suas agressões diárias.

(novembro de 2003)

---

* No dia 7 de setembro de 2003, o SBT exibiu no *Domingo Legal* uma entrevista com supostos integrantes do Primeiro Comando da Capital (PCC), facção criminosa de São Paulo. Dois homens encapuzados, entre outros ataques, ameaçaram de morte o então vice-prefeito de São Paulo, Hélio Bicudo, e os apresentadores José Luís Datena e Marcelo Rezende, expoentes do jornalismo policialesco da TV. A fraude foi descoberta e o programa *Domingo Legal* suspenso no domingo seguinte. Processado pelo episódio, Gugu Liberato só se livrou das pendências judiciais dois anos depois, em agosto de 2005, quando firmou um acordo financeiro com o Ministério Público. Acertou-se que o apresentador pagaria, em 12 parcelas, R$ 750 mil para entidades assistenciais indicadas pelo Ministério Público do Estado de São Paulo.

BALANÇO DE FIM DE ANO

Foi um ano agitado para a televisão brasileira. Talvez o mais agitado de sua história. Nunca se questionou tanto o papel da TV como neste 2003 que está acabando. O saldo foi positivo, apesar de a discussão ter sido estimulada, quase sempre, por episódios dramáticos, como a denúncia de desrespeito à lei propiciado pelo programa do Gugu ou o recrudescimento da crise financeira da TV Cultura de São Paulo.

A televisão no Brasil vive protegida por uma armadura bloqueadora de discussões mais amplas a seu respeito. São necessárias situações quase extremas para que a sociedade desperte e passe a debater o papel do veículo. Ainda assim, é uma minoria que pode fazer isso – a maioria só se informa pela TV, em que não existe espaço para autocrítica.

É por isso que pouca gente sabe que as emissoras operam concessões públicas, outorgadas pelo Estado a determinadas empresas, em nome da sociedade – que, por sua vez, tem todo direito de cobrar qualidade no uso do espectro eletromagnético por onde trafegam as ondas televisivas. Afinal, trata-se de um bem comum, escasso e finito, entregue a poucos privilegiados que fazem uso dele sem praticamente nenhum controle.

Por se sentirem imunes a qualquer restrição, e ávidos na busca de faturamento largo e imediato, esses concessionários nos proporcionaram ao longo de 2003 espetáculos diários de sadismo nos programas policiais do final da tarde, de mitificações e burlas na faixa vespertina de fofocas, de insossas novelas, de desgastadas fórmulas popularescas nos programas de auditório, para não falar na mediocridade dominical e na invasão de diversos canais por pastores se dizendo dotados de poderes sobrenaturais.

A resposta da sociedade ainda não teve peso equivalente, mas pela primeira vez conseguiu significativa repercussão. O Congresso Nacional, por exemplo, não havia debatido com tanta profundidade os problemas sociais, políticos e econômicos gerados pela televisão como fez neste ano. Até uma Frente Parlamentar em Defesa da TV Pública foi criada, levando o debate do campo das denúncias para o das propostas. Exemplos positivos trazidos do exterior foram usados para referenciar a criação de uma rede não-comercial de televisão no Brasil que, uma vez implantada, poderia se transformar num padrão de qualidade para o país. Além disso, houve a realização de diversas audiências públicas, uma delas convocada especialmente para discutir o projeto de lei que cria um Código de Ética para toda a TV brasileira.

Os votos de final de ano são para que esses avanços sejam a base de uma discussão ainda mais ampla em 2004. Sem que, para tanto, haja a necessidade de novas ameaças de paralisação das atividades da TV Cultura de São Paulo por falta de dinheiro ou do surgimento na tela de outras irresponsáveis armações do Gugu. Feliz ano-novo.

(dezembro de 2003)

POR UMA MÍDIA DEMOCRÁTICA

Neste mês, ao abrir a sua agenda, procure o dia 19 de abril e anote este compromisso: abertura da 4ª Cúpula Mundial de Mídia para Crianças e Adolescentes, no Rio de Janeiro. O ideal é comparecer, mas, se isso não for possível, busque informações e conheça os resultados. Trata-se do mais importante evento internacional sobre o assunto, a ser realizado pela primeira vez no Brasil, com participação esperada de 1.500 pessoas vindas de todo o mundo.

A televisão terá um espaço especial, com a exibição dos melhores programas já realizados para crianças e jovens. O encontro vai até o dia 24 de abril, com atividades em vários locais do Rio. A apresentação de trabalhos e as sessões plenárias serão realizadas na Escola Naval, próxima do centro da cidade. Ao mesmo tempo, em tendas armadas em outros locais será possível descobrir que não é tão difícil produzir bons programas de TV e rádio, jogos eletrônicos e filmes para o cinema. A idéia é criar um ambiente multimídia na cidade, durante uma semana.

As crianças serão chamadas não apenas para ver, mas também para participar. Essa é uma das razões do tema principal da Cúpula ser "Mídia de todos, mídia para todos", ressaltando a importância cada vez maior de não apenas recebermos informações, mas também de as produzirmos. No caso da televisão, é fundamental mostrar que seu uso pode ser democratizado, tanto na produção como na veiculação de programas.

O debate sobre a qualidade da programação da TV não ficará apenas nas denúncias e nas declarações de princípios. Quem nunca teve contato com programas infantis ou juvenis produzidos fora do Brasil pode ter um choque diante da beleza do que está sendo feito. O cuidado com as imagens, os sons, os diálogos e o ritmo narrativo revelam a preocupação dos produtores em buscar a atenção dos jovens, respeitando o processo de formação em que se encontram. Fazem isso sem, em nenhum momento, assustá-los, confundi-los ou, o que seria pior, enganá-los, como muitas vezes acontece por aqui. Ao contrário, o que se busca é o entretenimento alegre, respeitoso, apropriado à idade.

A origem desses encontros mundiais está na bem-sucedida experiência australiana que, por meio de uma Fundação de Televisão para Crianças, produz desde 1982 programas de alta qualidade, exibidos em mais de 90 países e ganhadores dos mais importantes prêmios internacionais do setor. São realizações desse tipo que chegam agora até nós, numa oportunidade única. Nos encontramos lá.

(janeiro de 2004)

www.riosummit2004.com.br

LÍDERES DE AUDIÊNCIA

Sempre me incomodou a assepsia dos programas globais. Desde a criação do "padrão Globo de qualidade", nos anos 1970, parece que na tela nada dá errado. Para o jornalismo foi um desastre. O noticiário tornou-se engomado, lido por apresentadores de vozes e aparências bonitas, mas sem emoção. Como resposta surgiu o oposto nas outras emissoras, onde repórteres e apresentadores gritam em nossos ouvidos, como se o mundo fosse acabar. A notícia dada com paixão jornalística mas de forma equilibrada e educada ainda não se tornou hábito por aqui.

Na música, a padronização fez um estrago ainda maior. Foi uma das principais causas da queda de audiência dos programas musicais, na respeitável opinião do jornalista e historiador Zuza Homem de Mello, expressa no livro *A era dos festivais, uma parábola* (Editora 34, 523 págs.). Ele lembra que mesmo com a chegada do videoteipe, a TV Record gravava os musicais, mas não os editava. Os eventuais erros e a participação espontânea da platéia iam ao ar, dando ao telespectador a sensação de estar vendo os programas ao vivo. Para Zuza, esse foi o segredo da impressionante comunicação estabelecida entre a emissora e o público.

A era dos festivais é um momento único na história da televisão brasileira. Um raro instante em que nossas emissoras prestaram um verdadeiro serviço público, socializando a produção musical de ponta que brotava no país. Autores e intérpretes que são sucesso até hoje foram revelados naqueles anos. De 1960 a 1972, os festivais passaram por um processo de surgimento, ascensão e queda, identificados pelas três emissoras que os realizaram.

A TV Excelsior, pouco lembrada nas retrospectivas históricas, realizou dois festivais antes de sua débâcle, vítima dos humores da ditadura. A Record ocupou o espaço com competência e tornou seus festivais inesquecíveis. Nas quatro principais edições fez da música popular brasileira assunto de apaixonantes debates. A disputa pelo primeiro lugar, em 1966, entre *A banda*, de Chico Buarque, e *Disparada*, de Geraldo Vandré, foi comparada a uma final de campeonato de futebol.

O crepúsculo veio com o aperto da censura e a imposição de interesses extramusicais aos festivais internacionais da Globo. A ditadura tentou usá-los para melhorar a desgastada imagem do Brasil no exterior. O nível das composições caiu, o público minguou e o interesse da própria emissora desapareceu.

A combinação entre a assepsia do "padrão Globo de qualidade" e os freios impostos pela ditadura à criação artística acabaram não só com os festivais, mas com todos os grandes musicais da televisão brasileira. Hoje não existem restrições políticas, mas ainda assim as emissoras continuam longe da música, não permitindo que conheçamos os novos Chicos, Caetanos e Vandrés que, com certeza, existem por esse Brasil afora.

(fevereiro de 2004)

AS FILHAS DO REGIME

O golpe se consumou em 1º de abril de 1964, mas não pegava bem comemorá-lo no dia da mentira. Ainda mais quando queriam chamá-lo de revolução. A data oficial ficou sendo 31 de março. Agora, quarenta anos depois, as festas do início do regime estão esquecidas, mas não o retrocesso imposto ao país pela ditadura.

Em 1964, a televisão brasileira completava 14 anos e, em plena adolescência, começava a ser tratada pelo governo como se fosse filha de um pai rico e autoritário. De um lado, recebia incentivos, isenções de impostos, propaganda oficial e, principalmente, uma infra-estrutura moderna de telecomunicações, bancada pelo Estado, que lhe permitia chegar a todo país. De outro, tinha de se comportar. Nada de críticas ao regime, de debates políticos e de maiôs muito curtos (Rita Cadillac apareceu com um no Chacrinha que tinha pano para fazer uns seis dos que são usados hoje e, ainda assim, foi parar na Polícia Federal).

A Globo, filha obediente, sobreviveu ao golpe e prosperou. Curvava-se às restrições oficiais e ia além, fazendo a própria censura. A estrondosa vitória do MDB, a oposição consentida, nas eleições para o Senado em 1974 foi escondida. O noticiário global começava destacando sempre uma inexpressiva vitória da Arena (o partido do governo) numa pequena cidade do interior. Quando o ex-presidente Juscelino Kubitschek morreu num estranho acidente na via Dutra, a Globo "esqueceu" de informar que ele estava com seus direitos políticos cassados. No final do regime, o comício pelas diretas-já na Praça da Sé, em São Paulo, foi anunciado como uma festa em comemoração ao aniversário da cidade. Não por acaso, a Globo saltou de três emissoras em 1969 para 11 em 1973. O pai sabia recompensar a filha comportada.

Já a Excelsior, rebelde, nacionalista, fazendo um jornalismo independente e crítico, sucumbiu. Fundada em 1960, revolucionou a televisão brasileira ao criar faixas específicas de programação, com grandiosos espetáculos musicais, novelas, esportes e um telejornal inovador, o *Jornal de Vanguarda*. As notícias eram apresentadas ao vivo e comentadas por especialistas e críticos mordazes, como o cronista Sérgio Porto.

Outra que sucumbiu foi a Tupi, perdulária, mal administrada e deixada à própria sorte pelo governo. Sua concessão foi repartida entre Silvio Santos (SBT) e Adolfo Bloch (Manchete), considerados mais dóceis e submissos ao regime do que os concorrentes *Jornal do Brasil* e Editora Abril. Bandeirantes e Record, sempre às voltas com problemas administrativos e financeiros, atravessaram a ditadura aos trancos e barrancos.

Hoje, quarenta anos depois do golpe, a televisão que temos guarda as marcas da sua adolescência. Na meia-idade comporta-se de maneira infantil, buscando a mesada do pai (conhecido como BNDES) e endeusando o governo de plantão. Pena que nesse caso só uma terapia não resolve.

(março de 2004)

LETRA MORTA

Seria cômico se não fosse trágico. A quantidade e a qualidade dos projetos de lei sobre a programação da TV brasileira tramitando no Congresso Nacional beiram o ridículo. São 119, que tratam de tudo e defendem todos os tipos de interesse. Tem deputado querendo que as emissoras transmitam pelo menos três horas diárias de programas religiosos. Outro quer obrigar a formação de uma cadeia nacional de televisão, em horário nobre, para a apresentação do *Espaço Ecológico*, a ser produzido pelo Ibama. E um terceiro pretende criar um canal que transmita apenas programas sobre energia nuclear.

Há vários motivos para um número tão grande de iniqüidades. Entre eles, a tentativa de abrir espaço na TV para grupos econômicos, políticos ou religiosos e a busca de espaço da mídia com a apresentação de projetos polêmicos. Isso sem falar nos simplesmente corporativos, apresentados por deputados que fazem parte da "bancada da radiodifusão", uma das mais poderosas do Congresso, formada por concessionários de rádio e TV e seus prepostos (só na Comissão de Comunicação da Câmara – que analisa os pedidos de outorga e renovação de concessões de rádio e TV – 30% dos seus integrantes são concessionários).

Mas a razão estrutural desse furor legislativo é a falta de regras gerais para o setor. A lei de radiodifusão em vigor no Brasil é de 1962, época em que a televisão era em preto-e-branco e o videoteipe acabara de chegar ao país. Para não falar das transformações culturais e políticas vividas nesses mais de 40 anos em que a lei permanece imutável. A minissaia, por exemplo, não havia surgido, a pílula anticoncepcional nem tinha sido inventada e quase metade da população ainda vivia no campo. Ora, quem tem uma lei que não dá conta dessas transformações não tem lei nenhuma.

Com isso, a televisão corre solta num vácuo legal que abre espaço para as descabidas e numerosas propostas elaboradas por parlamentares. E o que é pior, permite que os atuais concessionários coloquem qualquer tipo de programa no ar, sem levar em conta os diferentes gostos e interesses da população. Não há nada que os contenha.

É preciso entender que televisão não se legisla no varejo. Se todos os projetos em tramitação no Congresso fossem aprovados, nasceria um Frankenstein legal, um monstrengo jurídico impossível de ser posto em prática. O que falta é disposição do Poder Executivo para formular um projeto de Lei Geral de Comunicação Eletrônica de Massa que dê conta dos avanços tecnológicos alcançados pelo país e da sua diversidade social, cultural e política. Um projeto amplamente debatido pela sociedade para ser enviado ao Congresso com uma redação que garanta um mínimo de coerência interna.

Só assim a televisão brasileira passaria a ser responsabilizada pelo que coloca no ar e os parlamentares poderiam gastar o seu tempo com projetos mais úteis e menos ridículos.

(abril de 2004)

SEM APELAÇÕES

No começo da noite de um sábado, Record e Bandeirantes mostravam, ao mesmo tempo para todo o Brasil, a imagem de um rapaz à beira da morte, estendido no asfalto do Minhocão, em São Paulo. A equipe de resgate tentava reanimá-lo, enquanto repórteres no local e apresentadores no estúdio dramatizavam ainda mais a situação. Nenhum respeito à vítima, à sua família que poderia estar vendo a cena, ao telespectador adulto, que não merece tal dose de sadismo e, principalmente, às crianças submetidas a esse tipo de programa num horário em que a TV deveria ser só para elas. Mas qual TV?

Uma televisão que, em primeiro lugar, respeite a criança como ser em formação. Se as emissoras querem pôr no ar programas desse tipo a qualquer preço, que o façam tarde da noite, longe do alcance das crianças, como se faz com os remédios. Recentemente uma autoridade do Ministério da Justiça publicou portaria nesse sentido. Não só a medida foi revogada logo no dia seguinte como a funcionária perdeu o cargo, tal a pressão exercida pelas emissoras sobre o governo. Mas devemos continuar insistindo.

E, quando conseguirmos retirar o sensacionalismo policialesco do horário infanto-juvenil, precisaremos saber o que colocar em seu lugar. Sabemos todos, pais e educadores, que são necessários programas de qualidade, embora para muitos a definição do que seja isso ainda não está clara. Enfrentando o problema, a ONG Midiativa encomendou uma pesquisa para saber o que é um programa de qualidade na opinião de pais com filhos entre 4 e 17 anos.

Os resultados apontam para a necessidade de programas antes de tudo "atraentes", capazes de transmitir com vivacidade conceitos como "família, respeito ao próximo, solidariedade e princípios éticos". E reforcem o que é ensinado em casa. Quanto do que pais e professores transmitem é destruído por programas em que a violência aparece como a única forma para solucionar conflitos ou onde o vigarista é sempre vencedor?

A pesquisa mostra ainda que os pais querem programas estimuladores da brincadeira, fazendo a criança sonhar, permitindo que ela viva seu imaginário. E também que despertem interesses para além da televisão, no esporte e na cultura, por exemplo. Aí não dá para esquecer o médico Júlio Gouveia, que, ao apresentar o *Teatro da Juventude*, na extinta TV Tupi, fazia questão de abrir e fechar o programa com um livro nas mãos. Era a forma que ele usava para fazer da televisão um veículo de estímulo à leitura*.

É isso e um pouco mais que os pais querem. Querem que a TV "desperte o senso crítico", leve os jovens a "refletir e dar espaço às diferenças", não transmitindo preconceitos e discriminação por meio de estereótipos. Abra horizontes, mostre opções de vida, ajude o telespectador a escolher seu rumo, discutindo possibilidades profissionais e sociais.

É pedir muito? Na atual situação da TV brasileira até pode ser. No entanto é o mínimo necessário para que possamos viver numa sociedade civilizada. Os pais não querem o que a televisão oferece hoje.

(maio de 2004)

---

* Ver "Monteiro Lobato de volta", p. 75.

POR TRÁS DAS CÂMERAS

Quando caem em minhas mãos livros que ajudam a entender melhor a televisão brasileira, não hesito em recomendá-los aos meus leitores. Gostaria de fazer o mesmo com programas da TV aberta que, por sua qualidade, pudessem complementar o trabalho dos professores em sala de aula. Confesso tratar-se de uma tarefa difícil. Quando eles surgem, são efêmeros. Uma ou outra minissérie, um especial de bom nível, um programa musical mais bem elaborado de vez em quando, e só.

Se programas desse tipo são raros, que dizer daqueles que deveriam fazer a crítica da própria TV? São artigos de luxo que passam longe da televisão comercial. E mesmo nas emissoras públicas ou estatais eles são raros. Lembro de um ou outro debate sobre coberturas eleitorais realizados pela TV Cultura de São Paulo, também esporadicamente. A exceção fica por conta do *Observatório da Imprensa*, há seis anos no ar, completados agora em maio.

Embora voltado para a análise dos meios de comunicação em geral, muitas de suas edições têm como tema a televisão. Vale a pena assisti-lo e utilizá-lo em classe. De maneira equilibrada, mas sempre crítica, os convidados de diversos estados brasileiros manifestam-se sobre a mídia, trazendo ao público olhares que são raros nos jornais e jamais aparecem na televisão comercial.

Um exemplo apenas: o caso Gugu-PCC, de tanta repercussão no ano passado. O delito cometido pelo apresentador foi tratado hipocritamente em outros programas da mesma emissora, com lágrimas forçadas de falso arrependimento, e pelas concorrentes com uma selvageria furiosa expressa nos telejornais policialescos do final da tarde. Coube ao *Observatório* levar ao público as outras faces do problema, mostrando diferentes visões a respeito da suspensão do programa por decisão judicial, a transferência da responsabilidade do apresentador e do concessionário do canal para os produtores e as ações que seriam movidas pelas vítimas das ameaças. Informações imprescindíveis para o professor que quisesse discutir seriamente o caso com seus alunos.

Claro que ainda estamos longe do que faz a BBC. A emissora britânica, quando se vê envolvida numa situação conflitiva, não teme em dissecar o problema diante das próprias câmeras. Foi o que aconteceu com um caso recente, em meio à invasão do Iraque, quando um jornalista da empresa foi acusado de "esquentar" informações comprometedoras para o governo. Nada foi escondido do público, com as críticas à própria emissora sendo transmitidas abertamente.

Por aqui, um exemplo de transparência como esse ainda está distante, mas o *Observatório da Imprensa* – que, aliás, discutiu com competência o caso envolvendo a BBC – é a única janela que temos para ver o que se esconde por trás das câmeras. É preciso aproveitá-la.

(junho de 2004)

OBSERVATÓRIO DA IMPRENSA NA TV
TV Cultura de São Paulo e TVE do Rio de Janeiro
Veja os horários em www.observatoriodaimprensa.org.br

TIPO EXPORTAÇÃO

Um casal amigo – ela baiana, ele galês – mora numa agradável fazenda no sul do País de Gales. Com duas gêmeas de 10 anos, fluentes em inglês, galês e português, a mãe viu na chegada da Record ao Reino Unido (via satélite) uma oportunidade a mais para as meninas intensificarem o uso do idioma materno e, ao mesmo tempo, conhecerem melhor o Brasil*. Triste decepção. Do tatibitate dos apresentadores ao proselitismo religioso e à violência desenfreada mostrados pela Record, a solução foi mesmo ficar apenas no galês e no inglês.

Agora o português talvez possa voltar a ser ouvido na TV daquela família, se vingar o novo canal internacional projetado pelo governo brasileiro. Com recursos do Senado, Câmara, Radiobras e Supremo Tribunal Federal – somando R$ 10,3 milhões, em 2004, e R$ 24 milhões ao ano, a partir de 2005 –, a nova emissora pretende levar ao mundo uma programação de qualidade. É um dinheiro que pode ser bem gasto, porque atenderá não apenas aos meus amigos do País de Gales, mas milhões de conterrâneos nossos que nas últimas décadas formaram a maior diáspora brasileira de toda a história, em busca de oportunidades de vida inexistentes

---

* Denominada TV Brasil-Canal Integracíon, a emissora entrou no ar em caráter definitivo em 30 de setembro de 2005. Freqüência e programação estão no *site* www.tvbrasil.tv.br.

por aqui. E mais: poderá levar ao mundo uma visão menos distorcida – mas não ufanista – da realidade do Brasil, tão maltratada pela televisão comercial aberta.

A idéia de um canal brasileiro internacional, gerido pelo Estado, não é nova. É uma atribuição legal da Radiobras, como lembra o jornalista Eugênio Bucci, presidente da empresa. A incorporação do Legislativo e do Judiciário ao projeto, além de ampliar os recursos, dará mais pluralidade à gestão e, o mais importante, poderá se valer de um acervo de conhecimentos sobre TV de qualidade já adquiridos e demonstrados pelas TVs Câmara e Senado.

Pelo projeto da nova emissora, não serão transmitidas as sessões de votação. A grade da programação será formada por entrevistas, noticiários, teatro e música. Se agregarmos documentários de bom nível sobre o Brasil, que algumas produtoras independentes podem realizar, poderemos ter uma televisão madura, de alta qualidade técnica e com um conteúdo atraente mostrando o país como ele é – rico, diversificado, desigual e contraditório, mas com forças sociais capazes de transformá-lo. É esperar muito? Se bastasse a honradez, o conhecimento e a boa vontade dos jornalistas que estão à frente do projeto, diria que não. A televisão seria isso mesmo: séria sem ser enfadonha; descritiva sem deixar de ser crítica, combinando qualidade técnica com conteúdo civilizatório.

Mas, ao final, implantada essa TV, restará um travinho amargo na boca. E a TV pública nacional? Ela não deveria ser priorizada? Trata-se de uma necessidade urgente da sociedade brasileira, que precisa de uma emissora capaz de se contrapor ao modelo comercial e elevar a exigência do público diante daquilo que é oferecido pelas concessionárias privadas. E mais, com uma televisão pública nacional implantada e consolidada, estaria constituída a base de sustentação necessária para o lançamento de um canal internacional, como fizeram alguns países europeus. Aqui, ao que parece, o carro já está indo à frente dos bois. E se repetirá a história do café "tipo exportação". O bom a gente toma lá fora; por aqui fica a beberagem.

(julho de 2004)

EM BUSCA DE RESPOSTAS

A principal novela da Globo volta a falar da ditadura.* Antes tarde do que nunca. Fiel aliada dos governos militares – e por que não dizer de todos os governos –, a emissora da família Marinho abre na dramaturgia algumas portas para uma visão um pouco mais crítica da história. Nada que substitua um bom livro de análises sobre o período repressivo, mas a força da televisão pode contribuir para estimular o debate. E aí entra em cena o professor, responsável por contextualizar aquilo que a novela dilui e fragmenta em nome do ritmo televisivo.

A saga da retirante nordestina em busca da filha levada dos seus braços pega o telespectador pela emoção e, com alguma ajuda, pode encaminhá-lo para uma compreensão racional e mais elaborada do momento em que esse fato ocorre. Com certeza, os alunos levarão para a sala de aula as aflições vividas pelos personagens na noite anterior e, entre elas, estará a dura repressão imposta aos que se opunham à ditadura. Como chegamos a esse ponto? O que levou o país a mudar de rumo, deixando a rota reformista para enveredar pela trilha da submissão ao capitalismo monopolista inter-

---

* *Senhora do Destino*, escrita por Aguinaldo Silva, dirigida por Wolf Maya e exibida no horário das oito de junho de 2004 a agosto de 2005. Com Suzana Vieira, Renata Sorrah, José Wilker, José Mayer e Carolina Dieckmann.

nacional? E por que, restabelecida a democracia, os fundamentos econômicos foram mantidos?

Sem dar respostas a essas e outras perguntas semelhantes, cairemos na simplificação do folhetim eletrônico e a ditadura ficará para nossos alunos como mais uma trama policialesca confrontando mocinhos e vilões. A vida real é uma pouco mais complicada. As respostas, é claro, não estão na TV. Para obtê-las, é preciso ir aos livros de onde poderemos decodificar a ditadura, explicando-a aos jovens de acordo com a compreensão de cada nível de escolaridade.

As ilusões armadas (Companhia das Letras) de Elio Gaspari, um conjunto de cinco volumes (quatro publicados até agora) é o trabalho mais abrangente sobre o período da história brasileira que vai do golpe de 1964 ao fim do governo Geisel, em 1979. Documentos inéditos guardados por alguns dos atores centrais da política da época são trabalhados pelo autor, resultando num texto de leitura agradável e atraente. Os livros nos conduzem com competência pelos escaninhos do poder, mas nos contam a história muito mais determinada pela vontade dos homens do que pela força das estruturas sociais. Por isso, para entender o período é preciso acrescentar análises mais aprofundadas.

Há várias. Aqui citamos três clássicas: *1964: a conquista do Estado,* de René Armand Dreifuss (Vozes, 1981, 814 págs.), *A revolução burguesa no Brasil,* de Florestan Fernandes (Zahar, 1975, 413 págs.) e *O colapso do populismo no Brasil*, de Octávio Ianni (Civilização Brasileira, 1968, 236 págs.). São livros que permitem compreender as raízes do golpe, articulado por forças internas e externas interessadas na submissão do país à ordem internacional que se impunha sob a égide dos Estados Unidos.

Claro que a novela da Globo passa longe de tudo isso, deixando nos jovens telespectadores a impressão de que tudo ocorreu num passado remoto, superado pela modernidade. Cabe-nos pôr as coisas no lugar, mostrando que, na essência, nada mudou.

(agosto de 2004)

PRÊMIO PARA A QUALIDADE

A baixa qualidade continua solta na televisão brasileira, mas existem algumas ilhas de bom gosto e respeito. Diante de tanta grosseria, elas muitas vezes acabam passando despercebidas – o que é ruim, claro, porque, se mais conhecidas e divulgadas, poderiam servir de exemplo e se multiplicar.

Passo importante para reverter essa situação vai ser dado neste final de mês, com a entrega do prêmio Mídia de Qualidade ao melhor programa exibido na TV aberta para crianças e adolescentes. A escolha da comissão julgadora terá como referência uma pesquisa desenvolvida pela empresa MultiFocus para a ONG Midiativa. Numa primeira fase foram relacionadas as expectativas de crianças, jovens e de seus pais sobre o que seriam programas de qualidade para três faixas etárias (de 4 a 7 anos, de 8 a 11 e de 12 a 17). Já comentei alguns dos resultados[*].

Agora, saíram os dados da segunda parte da pesquisa, em que foram confrontados os programas mais lembrados pelos entrevistados com os critérios de qualidade apontados antes. A conclusão, previsível mas nunca tão claramente explicitada, mostra a pobreza na oferta de programas infanto-juvenis que atendam às expectativas mais citadas pelos entrevistados, como "incentivar a auto-estima", "preparar para a vida" e "confirmar valores".

---

[*] Ver "Sem apelações", p. 141.

Para os pequenos, de 4 a 7 anos, os mais citados como os melhores são programas antigos constantemente reprisados como *Castelo Rá-Tim-Bum*, *Cocoricó* e *Chaves*. Não se produz nada de novo para essa garotada. Para os do meio, de 8 a 11, é ainda pior: não há nada específico e eles têm de se contentar com o pouco que é feito para os mais novos ou para os mais velhos. A partir dos 12 anos destacam-se programas que não são dirigidos especificamente a eles, como o *Fantástico* ou o *Jornal Nacional*. Fazem falta produções do tipo *Mundo da Lua* ou *Confissões de Adolescente*, sempre lembrados como referências de qualidade para crianças e jovens.

De posse desses dados, a comissão julgadora terá o árduo trabalho de selecionar o programa que melhor atenda às expectativas dos entrevistados. A seus produtores, patrocinadores e à agência de publicidade que o incluiu no planejamento de mídia será entregue o prêmio MídiaQ, como forma de incentivo à realização e ao apoio comercial desse tipo de programa. Que, como mostra a pesquisa, está fazendo muita falta em nossa telinha.

(setembro de 2004)

NICHOS DE QUALIDADE

Uma última zapeada na televisão antes de deitar me levou, outro dia, à descoberta de uma preciosidade: o documentário *A Revolução não será televisionada*, transmitido no final da noite pela TV Câmara. Não consegui desligar antes de subirem os créditos finais. Lá estavam os nomes dos repórteres Kim Bartley e Donnacha O'Brain, cuja proeza foi retratar com fidelidade o golpe que tirou do poder, por algum tempo, o presidente Hugo Chávez, da Venezuela, em abril de 2002.

Alguém já disse que o goleiro, além de ser bom, tem de ter muita sorte. Vale o mesmo para os jornalistas. Kim e Donnacha estavam no lugar certo, na hora certa. Realizavam no palácio presidencial um documentário sobre o presidente venezuelano quando eclodiu o golpe. Competentes, não perderam a chance de mudar a pauta e registrar, de vários ângulos, um momento histórico. O vídeo é uma aula de telejornalismo, com imagens do interior do palácio do governo antes, durante e depois do golpe combinadas com cenas das ruas de Caracas e das emissoras privadas de TV apoiando o movimento golpista e da TV estatal, que, com dificuldade, procurava dar ao público informações alternativas sobre os acontecimentos.

Pena que o documentário foi levado ao ar tarde da noite e só pôde ser visto por aqueles que têm TV a cabo ou antenas parabólicas. Repete-se na realidade brasileira o que o vídeo de alguma forma demonstra: o descompromisso das televisões privadas com informações aprofundadas e circunstanciadas, capazes de oferecer ao público diferentes visões de um mesmo acontecimento, deixando que o telespectador tire as próprias conclusões.

Essa é uma das características do documentário, o gênero informativo nobre da TV. Mas também o mais caro e o que exige talentos mais apurados. A televisão comercial desistiu desse tipo de programa há muito tempo, e ele ficou restrito a alguns nichos, como as TVs Câmara e Senado. Nos acervos dessas emissoras, vão se acumulando não só produtos importados, mas produções nacionais, perpetuadoras de nossa memória. Lá estão registrados, pela TV Câmara, o movimento das diretas-já, a vida e a obra de Florestan Fernandes e o fenômeno jornalístico chamado *O Pasquim*; pela TV Senado, o significado de Getúlio Vargas para a história do Brasil, a epopéia que foi a construção de Brasília e o golpe de 1964 visto com um distanciamento de 40 anos, entre outros títulos.

O acesso a essas produções ainda é difícil. Como elas não chegam pelos canais comerciais, cabe a nós o esforço de ir buscá-las, multiplicando suas exibições para outras platéias. Um delas é, sem dúvida, a sala de aula – onde os documentários podem se tornar um ótimo apoio para o ensino de diferentes disciplinas.

(outubro de 2004)

TV SENADO
www.senado.gov.br/tv
e-mail: arquivotv@senado.gov.br ou tv@senado.gov.br
Tels.: (61) 3311-4788 ou (61) 3311-1552

TV CÂMARA
e-mail: videosespeciais@camara.gov.br
Tel.: 0800-619619

PROMESSAS E DÍVIDAS

Abertas as urnas, contados os votos e proclamados os vencedores, é hora dos balanços e reflexões. Deixo para outras colunas as análises políticas e me atenho ao desempenho da televisão. É, sem dúvida, um dos seus melhores momentos, principalmente naquelas semanas que antecedem o pleito. Propaganda e informação ficam separadas, o que dificilmente ocorre fora desse período.

A existência do horário eleitoral gratuito é um grande avanço para o aperfeiçoamento da democracia, ao possibilitar o acesso à TV das diversas correntes de pensamento existentes na sociedade. Claro que ele precisa ser aperfeiçoado. Infelizmente um espaço privilegiado para a exposição de idéias e propostas transformou-se num espetáculo repleto de efeitos especiais, distante da realidade. Ou, em outros casos, em grotescas e risíveis exibições de indigência política. Para acabar com pelo menos um desses desvios, já há uma sugestão de se exigir que os programas sejam realizados apenas em estúdios, sem cenas externas, fundados em idéias e não em mistificações eletrônicas. Se de um lado isso traria grande prejuízo para os marqueteiros, de outro proporcionaria benefícios incalculáveis à toda a sociedade.[*]

---

[*] A Lei nº 1.300, que regula o processo eleitoral, aprovada pelo Congresso, foi sancionada pelo presidente Luiz Inácio Lula da Silva em 10 de maio de 2006. O presidente vetou o artigo que proibia cenas externas na propaganda eleitoral dos partidos na televisão.

Mas o melhor do período eleitoral é o rigor da Justiça agindo rápido para impedir a propaganda política disfarçada de notícia ou entretenimento. Televisão é uma concessão pública que se utiliza do espectro eletromagnético que também é público, não podendo de forma nenhuma ser partidarizado. Ele é de todos, e não de uma parte, de um partido. É diferente dos jornais e revistas, que circulam por canais privados e são lidos pela vontade individual dos cidadãos. A televisão é diferente. Além de trafegar por canais públicos, entra em nossa casa sem que possamos realizar qualquer escolha prévia. Por isso precisa ser cuidadosamente regulada. Sem regras, fica solta para usar o seu imenso poder a favor desse ou daquele candidato.

Ao final do primeiro turno das eleições deste ano, a Record foi retirada do ar no Rio de Janeiro por fazer propaganda, em programa religioso, para o candidato a prefeito apoiado pela Igreja Universal, proprietária da emissora. Esse mesmo canal tem sido um dos que mais reclamam da legislação – o que é também um dos melhores motivos pelos quais a regulação deveria se estender para além do período eleitoral.

Com o avanço da democracia no Brasil, será inconcebível termos na tela um apresentador dando opiniões definitivas sobre qualquer assunto sem que seja possível contestá-lo. Ou que emissoras de televisão divulguem as opiniões dos concessionários em editoriais ou disfarçadas de "reportagens". Eles não receberam os canais para defender seus interesses, e sim para prestar um serviço público.

Um serviço que só será efetivo quando as TVs levarem ao cidadão opiniões diversas, deixando que cada um conclua por si. Quando isso for regra, nossa democracia será muito mais sólida e eficiente.

(novembro de 2004)

CORAÇÕES E MENTES

Jornais e revistas responsáveis, quando publicam um anúncio com jeito de notícia, fazem questão de colocá-lo num quadro, avisando tratar-se de um informe publicitário. Nada mais correto. O leitor tem o direito de distinguir a informação da propaganda. De não ser enganado, uma vez que o anúncio tenta persuadi-lo a comprar, enquanto a notícia presta um serviço público. Bem separados, podem conviver no mesmo veículo sem problemas.

Por que o mesmo não acontece na televisão? Nela, o anúncio não só se confunde com os programas como entra no meio deles. É o chamado *merchandising*, poluidor de imagens e mentes. Nas novelas, faz parte dos roteiros, e nos programas de auditório transforma apresentadores em garotos-propaganda.

Não há como não buscar exemplos civilizados. Na Inglaterra, um programa realizado num supermercado, onde os participantes deviam adquirir determinado número de produtos com uma quantia de dinheiro oferecida pela emissora, foi obrigado a cobrir o nome das marcas nas embalagens. Tudo para cumprir a determinação legal de não misturar propaganda com entretenimento.

Aqui a confusão é geral. O apresentador carismático, ídolo dos telespectadores, joga todo o seu prestígio para vender alguma coisa, pegando desprevenido quem está na frente da TV para se divertir e não para comprar. Atrai o público para ver um programa e, no meio dele, de surpresa, impinge o anúncio de um produto qualquer. Para os adultos é um desrespeito, para as crianças, uma violência.

Se até 6 ou 7 anos de idade elas têm dificuldade de distinguir o real da fantasia, quanto mais separar a diversão da propaganda. E o pior: essa propaganda é feita por apresentadores que são seus ídolos, muitas vezes referências importantes de uma vida recém-iniciada. Ao dizer que as crianças devem comprar isso ou aquilo, eles quebram uma relação de confiança fundada na admiração e no respeito que, nesse momento, fica de um lado só, o da inocência infantil.

Alguns países europeus já se deram conta do problema e proibiram propaganda para crianças na televisão. Aqui, a situação agrava-se com a cruel distribuição de renda. Os anúncios estimulam um consumo que a maioria dos pais não pode realizar, aumentando ainda mais a perversidade do problema, com tristes conseqüências. Como a do menino da periferia que, ao ser detido pelo segurança de um supermercado tomando um danoninho, disse estar apenas querendo saber que gosto tinha esse produto tão anunciado na televisão.

O Natal está chegando e o volume publicitário na TV deve crescer em direção às crianças. Em casa, diante do televisor, pouco podemos fazer, já que as mensagens chegam sem nosso consentimento. Mas na sociedade já é tempo de buscarmos formas eficazes de proteção de nossas crianças para poupá-las, ao menos, da fúria consumista.

(dezembro de 2004)

CULTO À DÚVIDA

Muitas vezes, é difícil ultrapassar o primeiro capítulo de um livro. Com trama e linguagem pouco comuns, eles nos abatem. Mas ocorrem surpresas quando vencemos esses obstáculos e seguimos em frente. Nós nos acostumamos ao ritmo do autor, os personagens ganham consistência, a trama no envolve e não deixamos o livro antes da última página.

Provocações, o programa semanal de Antonio Abujamra e Gregório Bacic, apresentado pela TV Cultura, pode, para muitos, oferecer as mesmas dificuldades iniciais. *Closes* do entrevistador e do entrevistado, luz sombria, perguntas cáusticas, temas socialmente importantes (pouco tratados na nossa TV) são os componentes centrais do programa. O telespectador desavisado e anestesiado pelo "padrão Globo de qualidade" pode levar um susto e mudar de canal. Mas se for persistente terá boas recompensas.

O programa trata de temas sérios sem ser enfadonho. Abujamra combina seus dotes de ator com a agilidade de um entrevistador competente, mesclando agressividade e ternura na dose certa. O resultado são respostas marcadas pela espontaneidade de quem não está diante das câmeras, mas de um interlocutor com quem vale a pena conversar. E quem lucra com isso é o telespectador, ao participar, ainda que a distância, dessa conversa.

O ritmo da edição é precioso. Não existem respostas longas, nem grandes divagações. Os efeitos sonoros, os textos lidos ao longo do programa e a presença do povo nas ruas (sem ser humilhado – ao contrário, expressando-se livremente sobre a vida) prendem o telespectador à tela.

Lançado em 2000, *Provocações* teve quase vinte anos de gestação. Em 1984, Bacic e Abujamra, a pedido da Sociedade Brasileira para o Progresso da Ciência, entrevistaram um cientista para o que poderia ser o programa de TV da entidade. O entrevistado tinha muitas certezas, mas as dúvidas do apresentador chamaram mais atenção. Hoje, Abujamra diz que *Provocações* "é um culto à dúvida". O projeto não foi em frente, mas a idéia ficou, e depois de ser oferecida a algumas emissoras comerciais, sem sucesso, acabou aceita pela TV Cultura. Bacic não reluta em afirmar que um programa como esse só caberia na TV pública: "As emissoras comerciais não arriscam nada".

A Cultura correu o risco e deu certo. Hoje, *Provocações* é o programa que mais recebe mensagens dos telespectadores, algumas reveladoras do papel por ele desempenhado. "Descobri a leitura através de vocês", diz uma delas. Outra: "Tudo que aprendi sobre cultura brasileira foi graças ao programa". E há muitas outras no mesmo tom.

Provocações não tem segredo. Além do diretor e do apresentador, apenas mais duas pessoas colocam no ar um programa inédito semanal em que são entrevistados – sem diferenças – industriais e moradores de rua. Vale a pena usá-lo em sala de aula.

(janeiro de 2005)

PROVOCAÇÕES
TV Cultura de São Paulo – domingo às 21h
www.tvcultura.com.br/provoca
E-mail: provoca@tvcultura.com.br

HISTÓRIA REVISTA

A Globo tem uma versão muito particular da história da televisão (e do país), que, muitas vezes, não bate com a realidade. Assistida pela maioria da população diante da falta de alternativas, a emissora nunca conseguiu transformar audiência em simpatia. Os vínculos com a ditadura, as distorções jornalísticas, a aposta no consumismo exacerbado, o desrespeito à infância e o ufanismo ridículo no esporte são marcas difíceis de ser apagadas.

Parece haver agora uma política para mudar esse quadro e reescrever a história. É aí que mora o perigo. São várias ações no mesmo sentido: seminários, manifestos, livros. Na PUC de São Paulo, universidade de tradições democráticas, marcada pela luta contra a ditadura, a Globo realizou um seminário supostamente em defesa da cultura brasileira. O que se defendia, na verdade, era o controle da veiculação de conteúdos audiovisuais pelas empresas de telefonia, uma ameaça ao império da Globo.

Ação semelhante ocorreu durante a 4ª Cúpula Mundial de Mídia para Crianças e Adolescentes, realizada no Rio de Janeiro. Não houve nenhuma mesa importante em que um representante da empresa não estivesse presente defendendo os compromissos da Globo com aquelas faixas etárias. Alguns foram vaiados, outros apenas provocaram risos.

Mas o pior está nos livros. A pretexto dos 35 anos do *Jornal Nacional*, a Globo lançou o livro *Jornal Nacional: a notícia faz* *história* (Jorge Zahar, 408 págs.) tentando limpar a barra do telejornal. Fez como o Chacrinha, quando dizia não ter vindo para explicar e sim para confundir. Só que, diferente do Velho Guerreiro, o livro tem pretensões à seriedade. Nega, distorce e parcializa versões de episódios conhecidos e comprometedores para a veracidade do seu jornalismo. No caso mais célebre, quando é impossível dizer que não favoreceu Collor na edição do debate com Lula em 1989, junta depoimentos conflitantes e aponta para alguns subalternos que seriam os responsáveis pelo deslize. Entre tantos entrevistados, o livro esqueceu de um, Paulo Henrique Amorim, funcionário da Globo na época, que não reluta em dizer de quem foi a ordem de dar "tudo que fosse bom para o Collor e tudo que fosse mau para o Lula": Roberto Marinho[*].

Bajulatória e repleta de erros factuais, chegou também às livrarias a biografia do dono da Rede Globo – que leva o próprio nome dele, *Roberto Marinho* (Jorge Zahar, 400 págs.), escrita por Pedro Bial – e o mais inofensivo da trilogia, *Roberto & Lily* (Record, 192 págs.), uma história de amor entre milionários, bem ao sabor da revista *Caras*, escrita pela viúva do dono da Rede Globo.

Muito mais importante que o livro foi a frase dita pela autora na ocasião do lançamento: "O Roberto colocou ele (Fernando Collor de Mello, na Presidência) e depois tirou. Durou pouco. Ele se enganou". Em poucas palavras, a rica viúva pôs por terra a autodecantada imparcialidade do jornalismo global. Serão necessários muitos outros livros para explicar que não foi bem isso o que ela quis dizer.

(fevereiro de 2005)

---

[*] Ver "Imagens distorcidas", p. 38.

FÓRUM SOCIAL DEBATE TELEVISÃO

Pode até não parecer, mas o Fórum Social Mundial faz um bem danado para a televisão. A cada encontro, aumenta o número de debates em torno do assunto, com a multiplicação dos participantes. Na recente edição, realizada em Porto Alegre, até o espaço físico reservado à comunicação cresceu. Várias tendas instaladas ao lado da Usina do Gasômetro, hoje um centro cultural importante da cidade, abrigaram os interessados no tema "Comunicação: práticas contra-hegemônicas, direitos e alternativas". E, dentro dele, a televisão foi cuidadosamente analisada.

Por se tratar de uma concessão pública e por ser o mais abrangente veículo de comunicação, a TV acaba centralizando as atenções. E é bom que seja assim. Com todo esse reconhecido poder, ela é pouco discutida. Fala-se muito da televisão como negócio ou tecnologia. Feiras se espalham pelo mundo reunindo produtores em busca de novos formatos de programas (geralmente *game-shows* ou *sitcoms*) ou empresários buscando os equipamentos mais modernos e sofisticados. O Fórum Social Mundial abriu espaço para a discussão crítica dos conteúdos da TV e de suas relações com o Estado e a sociedade. Falava-se sobre isso na universidade ou nas organizações profissionais, mas de maneira parcial e fragmentada. O Fórum globalizou o debate.

Os resultados concretos começam a surgir. Redes de organizações preocupadas com o papel da TV firmam-se pelo mundo. Propostas de ação com organismos internacionais e governos locais se concretizam. No Brasil, o melhor exemplo é o compromisso assumido por várias entidades de participarem ativamente do processo de elaboração da nova Lei de Comunicação Eletrônica de Massa prometida pelo Governo Federal.

Ao mesmo tempo, outra iniciativa, resultado do Fórum de 2003, começa a dar frutos. Naquele ano foi criado o Media Watch Global, um observatório internacional presidido pelo jornalista Ignacio Ramonet, do *Le Monde Diplomatique*, destinado a acompanhar o trabalho dos meios de comunicação e a incentivar o surgimento de observatórios nacionais. A França saiu na frente, e sob a direção do professor Armand Mattelart, criou o seu. Agora, neste Fórum, foi a vez da instalação do Observatório Brasileiro da Mídia, uma iniciativa que tem o respaldo acadêmico do Departamento de Jornalismo da Escola de Comunicações e Artes da USP.

Trabalho não vai faltar, especialmente em relação à TV. Basta ver como a Rede Globo cobriu o Fórum de Porto Alegre. Enquanto os participantes do encontro debatiam, por exemplo, o destino do planeta e, por conseqüência, da humanidade, alertando para o perigo da escassez de água, da destruição das florestas ou da escalada militarista, a principal emissora de TV do país mostrava o movimento nas churrascarias de Porto Alegre e tratava o Fórum como se fosse um Woodstock redivivo. Diante de casos assim, o Observatório se propõe não apenas a observar, mas a denunciar e exigir mais seriedade no trato da informação pública. Está aí um belíssimo fruto gerado pelo Fórum Social Mundial.

(março de 2005)

TELEVISÃO EDUCATIVA NÃO É ENTRETENIMENTO

É uma relação de amor e ódio. Em alguns momentos, a televisão é o braço direito do professor, estimulando debates, aprofundando conteúdos, descobrindo o universo. Em outros, é o demônio. Traz para a sala de aula o que de pior há no comportamento humano: individualismo, consumismo, desatenção e a substituição do diálogo pela violência.

Mas de que televisão estamos falando? Da comercial, que chega todos os dias à nossa casa, repleta de maus exemplos? Ou da chamada educativa, voltada para o ensino e a difusão do conhecimento, com suas variantes em vídeo? Para minimizar as ambigüidades existentes na relação entre televisão e educação, é preciso, antes de mais nada, responder a essas perguntas.

Foi o que fez, com competência, a jornalista Alexandra Bujokas de Siqueira, em tese de doutorado defendida no Programa de Pós-Graduação em Educação Escolar da Universidade Estadual Paulista (Unesp), em Araraquara (SP). O mérito maior do trabalho foi depurar o papel da televisão na escola. Nos anos 1960, com a América Latina dominada por ditaduras e com a indústria eletroeletrônica buscando novos mercados, a televisão "educativa" caiu como uma luva para os interesses de ditadores e industriais. Inicialmente, ela concretizava o desejo de uma educação centralizada, com conteúdos elaborados no núcleo do poder e distribuído para todas as salas de aula, se possível sem nenhuma interferência, nem mesmo do professor. Aos outros, ampliava a fronteira comercial, com os governos assumindo o papel de grandes compradores das novas tecnologias.

Imposto com esses objetivos, sem avaliações críticas mais aprofundadas, o modelo acabou impedindo um debate qualificado sobre os tipos de programa que melhor se adaptam ao ensino. Descartado liminarmente o formato comercial e com ainda limitados recursos tecnológicos, optou-se, no início, pela simples transmissão de aulas convencionais, ao lado de algumas tentativas inovadoras. Com o tempo, caminhou-se para o extremo oposto: os programas educativos passaram a incorporar todos os adereços da televisão comercial, tornando-os dinâmicos mas superficiais.

A tese, ao analisar produções da TV Escola do MEC e da Open University do Reino Unido, mostra a importância dos programas educacionais que apostam no conteúdo. Sem serem maçantes como as aulas televisadas, mas também sem se transformarem em videoclipes escolares. A autora, na conclusão, defende a "incompatibilidade entre aprendizado e entretenimento no limitado espaço de um vídeo de 20 minutos". Para ela, a vida escolar já tem seus momentos de descontração, e o uso da TV pode perfeitamente desprezar esses momentos. Se o programa "se tornar 'pesado', é tarefa do professor completar a recepção, explicando o que ainda ficou difícil de ser entendido", conclui a recém-doutora.

A tese, além de aprovada com distinção e louvor, recebeu da banca a recomendação para que seja publicada. Valerá a pena ler.

(abril de 2005)

AULAS DE TELEVISÃO

O Reino Unido resolveu investir pesado num projeto de alfabetização para a mídia, destinado particularmente à televisão. A idéia é aumentar a participação do público no controle social da TV, cada vez mais difícil num mundo onde a oferta de canais cresce rapidamente. De acordo com as autoridades britânicas, só um telespectador qualificado pode exercer o direito de exigir bons programas de televisão.

Para isso, é preciso que ele saiba como funcionam as emissoras, quais seus objetivos comerciais e culturais, com que recursos trabalham e quais são suas responsabilidades sociais – além de entender como o material que vai ao ar é coletado, selecionado e editado. E, mais do que isso, a alfabetização para a mídia quer tornar qualquer cidadão capaz de produzir um programa de TV, partindo da idéia de que, sabendo fazer, a cobrança fica mais fácil e consistente.

Essa tarefa é realizada numa operação articulada entre o órgão regulador da radiodifusão, as emissoras e as escolas de diferentes níveis. A contribuição das empresas de comunicação é fundamental. Começa pela transparência das informações, com todos os seus dados franqueados ao público. Recentemente a produtora do *Big Brother* britânico mostrou como parte dos lucros auferidos pelo programa é reinvestida em documentários voltados para a educação e a informação em geral.

As emissoras são responsáveis também pela produção de material escolar em vídeos, CD-ROMs, DVDs e livros nos quais a televisão é minuciosamente explicada, em níveis de complexidade compatíveis com as diferentes faixas etárias. Guias para usar programas de TV em salas de aula são oferecidos na internet para serem copiados e usados pelos professores. Há ainda um programa especial voltado para aqueles que participam de programas de educação continuada de adultos. Entre outros objetivos, busca-se aqui aproximar as pessoas mais velhas das novas tecnologias.

Uma série de três vídeos, produzidos pelo Channel 4 e distribuído às escolas, mostra os bastidores de um dia de trabalho na emissora. O primeiro acompanha uma equipe de produção ao longo do dia, o segundo descreve como se monta uma grade de programação e o terceiro relata como foi realizado o primeiro programa. Há também uma série didática ainda mais específica que ensina a produzir programas jornalísticos e roteiros de humor ou drama.

A ambição desse conjunto de programas é criar um telespectador crítico, capaz de distinguir, por exemplo, o fato jornalístico da ficção ou a reportagem da opinião. Instrumentalizá-lo também para perceber as implicações sociais e as diferenças entre um programa fútil, voltado para celebridades, e um documentário que contribua para a ampliação do conhecimento e da cidadania.

Ao lançar o programa de alfabetização para a mídia, a ministra da Cultura, Mídia e Esporte do Reino Unido, Tessa Jowell, foi categórica: "Acredito que no mundo moderno o ensino da mídia se tornará uma matéria tão importante como a matemática ou a ciência. Decodificar nossa mídia será vital para nossa vida como cidadãos, como é a alta literatura para nossa vida cultural".

(junho de 2005)

CÓDIGO DE PROTEÇÃO À INFÂNCIA

Câmeras e holofotes voltam-se para as Comissões Parlamentares de Inquérito em andamento no Congresso Nacional e ofuscam a tramitação de projetos sérios, de grande interesse social. Entre eles está o que proíbe a publicidade de produtos "destinados apenas à criança", apresentado em 2001 pelo deputado Luiz Carlos Hauly (PSDB-PR). Na verdade, ele acrescenta um novo dispositivo ao artigo 37 do Código de Defesa do Consumidor, que trata da proibição de toda a publicidade enganosa ou abusiva, especificando o público infantil.*

O projeto parecia dormir nas gavetas do Congresso até o início deste ano. Em janeiro, em uma das sessões do Fórum Social Mundial, realizado em Porto Alegre, informou-se da decisão sueca de banir totalmente a publicidade dirigida às crianças na televisão. Foi o mote para que projeto no mesmo sentido fosse apresentado à Câmara dos Deputados, descobrindo-se assim a existência de outros mais antigos, como o do deputado paranaense. Por ser o primeiro a tratar desse tipo de legislação, ele passou a prevalecer sobre os demais.

Aí o debate esquentou. Três audiências públicas organizadas pela Comissão de Defesa do Consumidor da Câmara

---

* A deputada Maria do Carmo Lara (PT-MG) foi designada relatora do projeto e apresentou substitutivo regulamentando a propaganda de produtos destinados à criança. Em julho de 2006, o substitutivo estava aberto às emendas dos parlamentares na Comissão de Defesa do Consumidor da Câmara dos Deputados.

já foram realizadas para discutir o assunto, em Brasília, São Paulo e Florianópolis. Nelas ficaram claras três posições defendidas por grupos interessados no tema: a do Conar (o Conselho de Auto-Regulamentação Publicitária), que rejeita totalmente o projeto, a de pesquisadores acadêmicos, que sugerem uma regulação mais rígida para esse tipo de anúncio, e a de membros de entidades de defesa das crianças, que propõem o banimento total, como ocorreu na Suécia.

O argumento utilizado pelo representante do Conar para defender a situação atual baseia-se no princípio da liberdade de informação garantida pela Constituição Federal. No entanto, já existem trabalhos jurídicos mostrando que informação e publicidade são ações distintas. A primeira é um serviço público voltado para a cidadania e deve ser exercida com total liberdade, dentro da lei. A segunda faz parte do processo de comercialização de mercadorias e está vinculada diretamente ao produto anunciado, fazendo parte dele como o seu rótulo, podendo por isso ter sua circulação legalmente restrita ou até mesmo extinta.

São essas as tendências seguidas por vários países do mundo. A Suécia, cujo exemplo reacendeu o debate no Brasil, só tomou a decisão mais radical depois de um plebiscito no qual 88% da população manifestou-se pelo banimento da publicidade destinada às crianças na TV. Mas desde 1991 esses anúncios já não podiam ser veiculados antes das 21 horas. O sociólogo Erling Bjurström conduziu pesquisas que subsidiaram o debate naquele país e concluiu que "algumas crianças já aos 3 ou 4 anos de idade conseguem distinguir um comercial de um programa normal de televisão, mas somente dos 6 aos 8 é que a maioria consegue fazer a distinção". Para ele, "só aos 12 anos é que todas as crianças conseguem ter uma posição crítica em relação à publicidade ou discernir corretamente seus objetivos".

Além da Suécia, Irlanda, Bélgica (na região flamenga) e Noruega também proíbem qualquer tipo de publicidade para menores de 12 anos. A Diretiva Européia sobre Televisão sem Fronteiras é mais moderada, recomendando aos países-membros que regulem suas emissoras de TV, impedindo que elas incitem diretamente as crianças a comprar, ou estimulem-nas a persuadir os pais a comprar algum produto ou serviço, valendo-se da inexperiência e da credibilidade infantis.

Nessa linha, Alemanha, Áustria, Dinamarca, França, Itália, Grécia e Reino Unido estabeleceram uma série de normas que regulamentam os horários em que anúncios de produtos infantis podem ser transmitidos e a forma como eles devem ser produzidos. Os programas infantis, por exemplo, não podem ser interrompidos para propaganda, e o *merchandising* é proibido. Ao contrário, qualquer forma de publicidade deve ser perfeitamente identificável, com a emissão de sinais ópticos e sonoros específicos para que os telespectadores – e particularmente as crianças – saibam exatamente do que se trata.

Nos Estados Unidos o anúncio testemunhal também não é permitido e a preocupação com as crianças vai além dos brinquedos. Em abril deste ano, o senador Ted Kennedy apresentou projeto de lei proibindo a publicidade de alimentos de baixo teor nutritivo ou que contribuam para o aumento dos casos de obesidade infantil. É importante ressaltar que todos os países mencionados possuem órgãos reguladores públicos com poderes para fazer que as leis sejam cumpridas.

Aqui no Brasil, mesmo sem leis específicas ou órgão regulador, é possível agir contra alguns tipos de propaganda, com amparo legal. O Código Brasileiro do Consumidor, por exemplo, diz claramente em seu artigo 36 que "a publicidade deve ser veiculada de tal forma que o consumidor, fácil e imediatamente, a identifique como tal". Portanto, o *merchandising* como vemos em muitos canais é proibido. Segundo alguns juristas, essa proibição não se deve à "enganosidade ou a abusividade, que pode até inexistir, mas sim ao fato de ele não permitir ao consumidor uma imediata identificação da publicidade". Se engana o adulto, o que se pode dizer em relação às crianças?

É por isso que os suecos, ao elaborarem sua lei proibindo publicidade de produtos infantis, basearam-se não só nas pesquisas e no plebiscito, mas também na constatação de que as crianças não nascem com anticorpos necessários para se defender das pressões comerciais e, por isso, têm direito a zonas protegidas.

Anuncia-se que o projeto de lei em tramitação no Congresso Nacional pode ser votado até o final do ano. Teremos portanto nos próximos meses um debate intenso que poderá resultar melancolicamente na manutenção do *status quo* ou então colocar o Brasil na companhia dos países realmente preocupados com a saúde física e mental de suas crianças.

(setembro de 2005)

PRÊMIO MÍDIAQ DE 2005

Ao receber o prêmio Mídia de Qualidade de 2005, destinado ao melhor programa de TV para a faixa etária de 4 a 7 anos, Julio Bernardes, um dos autores da atual versão do *Sítio do Pica-Pau Amarelo*, exibida pela Rede Globo, fez questão de agradecer aos herdeiros de Monteiro Lobato pelo apoio dado às modificações introduzidas na obra.

Na verdade, ele estava respondendo às duras críticas que o trabalho vem recebendo por alterar o texto original. Os redatores da Globo têm criado novas histórias, chegando a incluir personagens jamais imaginados pelo autor. Diante disso, na internet, telespectadores irritados estão chamando o Sítio global de "Malhação infantil", numa referência ao programa da emissora voltado para adolescentes.

Mas há também observações duras que vêm de pessoas abalizadas, como as da escritora Tatiana Belinky, amiga de Monteiro Lobato e responsável pelas adaptações do *Sítio* para a TV Tupi, nas décadas de 1950 e 1960, e para a Bandeirantes, de 1967 a 1969. Em entrevista à *Folha de S.Paulo*, a escritora disse considerar uma "bobagem" a tentativa de modernizar o *Sítio*, escrito entre 1920 e 1944. Para Belinky, "não se modeniza um clássico, é preciso respeitá-lo. O que é isso? Deixem o autor em paz".

Essas críticas não foram levadas em conta pelo júri do prêmio MídiaQ, uma iniciativa da ONG Midiativa que homenageia anualmente os melhores programas infanto-juvenis exibidos pela TV no Brasil. Ao premiar o *Sítio do Pica-Pau Amarelo*, o júri ressaltou o fato de ele ser "a única produção nacional de peso existente entre os programas selecionados com uma importância histórica na teledramaturgia infanto-juvenil brasileira", além de sinalizar a necessidade de um maior estímulo às produções para esse público em nosso país.

Algo que fica ainda mais evidente na premiação destinada aos programas para as faixas etárias seguintes, de 8 a 11 anos e de 12 a 17 anos. Na primeira, o vencedor foi o desenho animado *Bob Esponja*, produzido e exibido pelo canal Nickelodeon (um dos braços televisivos do conglomerado internacional Viacom); na segunda, a série *Os Simpsons*, transmitida no Brasil inicialmente pela Fox e mais tarde pelo SBT. Agora a Globo exibe os dois programas.

São animações que não primam por uma forma *high-tech*, mas se sustentam num conteúdo capaz de identificar crianças, jovens e também adultos — como mostram algumas pesquisas — com as ambigüidades e as aflições das camadas médias da sociedade mundializada. A ingenuidade de Bob Esponja e seu amigo Patrick às voltas com os ardis criados por Lula Molusco e seus comparsas no fundo do mar guardam alguma correspondência com os métodos politicamente incorretos usados pelo senhor Simpson para sobreviver numa sociedade dividida entre o sonho da solidariedade e a realidade da competição, na imaginária Springfield.

Talvez por isso o júri do prêmio MídiaQ tenha sido obrigado a justificar suas escolhas dizendo "reconhecer a força da animação estrangeira". Os jurados ressaltaram a capacidade que possui o gênero de captar "com sucesso a atenção de crianças e jovens, gerando identificação ao ultrapassar barreiras etárias e fronteiras culturais, numa receita que aborda com humor e inteligência o universo infanto-juvenil". O que é a mais pura verdade. Pena que nossos criadores não tenham a oportunidade e o incentivo necessários para seguir esse mesmo caminho criativo globalizado, partindo, porém, das raízes culturais brasileiras.

Como se vê, os três programas premiados, ao lado de suas virtudes, chamam a atenção para as deficiências da nossa televisão. Em primeiro lugar, fica evidente o poder concentrador da Rede Globo: tudo que dá audiência está lá. O *Sítio*, graças à presença de seus personagens no imaginário de várias gerações, tem público cativo, com ou sem "modernizações". E os dois desenhos, depois de se firmarem no Brasil pelos canais por assinatura e comprovarem seu poder de atração, ganharam espaço na tela da Globo.

Mas a deficiência mais gritante é dada pela situação de quase abandono a que foram relegadas nossas crianças e jovens pela televisão. Consagrou-se no Brasil o modelo de programa de auditório infanto-juvenil, reino das Xuxas, Angélicas e Elianas, desprezando-se produções capazes de aliar diversão com pedagogia. Quando se quer dar um prêmio para os destaques dessa programação, como faz com muito sacrifício a ONG Midiativa, acaba-se descobrindo que só resta premiar o menos ruim, ou o que vem pronto e embalado do exterior.

Os responsáveis pelo MídiaQ não escondem essa realidade. Logo na abertura da cerimônia de entrega dos prêmios, a jornalista Âmbar de Barros, uma das fundadoras da Midiativa, subiu ao palco do Itaú Cultural para dizer que "pelo segundo ano consecutivo, o Conselho do Prêmio MídiaQ teve grande dificuldade para escolher os programas vencedores. A conclusão é que a televisão brasileira continua sofrendo com a ausência de novas produções nacionais de excelência, adequadas às três faixas etárias. O cenário da TV aberta em 2005 mostrou-se praticamente inalterado em relação à pesquisa do ano passado, com atrações e horários restritos e insuficientes para as crianças e jovens. A inclusão da TV a cabo na consulta deste ano só veio confirmar a ascensão das produções estrangeiras na preferência de pais, crianças e adolescentes".

Logo depois dessa fala, veio o melhor da noite: cinco minutos de prazer estético e emocional proporcionados pela animação holandesa *Marionete*, vencedora na categoria Ficção até 6 anos do Festival Prix Jeunesse, que há 40 anos reúne na Alemanha as melhores produções infanto-juvenis de todo o mundo. Um trabalho simples, sem nenhuma sofisticação tecnológica, mas de alta criatividade, capaz de encantar o público infantil e estimular nossos realizadores a se lançarem em projetos semelhantes. Pena que produções como essa não tenham espaço nas grandes redes brasileiras de televisão.

(dezembro de 2005)

PRÊMIO MÍDIAQ 2005
- Faixa de 4 a 7 anos: *Sítio do Pica-Pau Amarelo* (Rede Globo)
- Menção honrosa: *Caillou* (Discovery Kids e TV Cultura–SP)

- Faixa de 8 a 11 anos: *Bob Esponja* (Nickelodeon e Rede Globo)

- Faixa de 12 a 17 anos: *Os Simpsons* (Fox e Rede Globo)
- Menção honrosa: *Rockgol* 2005 (MTV)

- Prêmio Especial do Júri: *A Grande Família* (Rede Globo)

- Prêmio Hors-Concours: *Hoje é Dia de Maria* (Rede Globo)

DE BONNER PARA HOMER

Perplexidade no ar. Um grupo de professores da USP está em torno da mesa onde o apresentador de TV William Bonner realiza a reunião de pauta matutina do *Jornal Nacional*, na quarta-feira, 23 de novembro.

Alguns custam a acreditar no que vêem e ouvem. A escolha dos principais assuntos a serem transmitidos para milhões de pessoas em todo o Brasil, dali a algumas horas, é feita superficialmente, quase sem discussão.

Os professores estão lá a convite da Rede Globo para conhecer um pouco do funcionamento do *Jornal Nacional* e algumas das instalações da empresa no Rio de Janeiro. São nove, de diferentes faculdades; foram todos convidados por terem dado palestras num curso de telejornalismo promovido pela emissora com a Escola de Comunicações e Artes da USP. Chegaram ao Rio no meio da manhã e do Santos Dumont uma *van* os levou ao Jardim Botânico.

A conversa com o apresentador, que é também editor-chefe do jornal, começa um pouco antes da reunião de pauta, ainda de pé, numa ante-sala bem suprida de doces, salgados, sucos e café. E sua primeira informação viria a se tornar referência para todas as conversas seguintes. Depois de um simpático "bom-dia", Bonner informa sobre uma pesquisa realizada pela Globo que identificou o perfil do telespectador médio do *Jornal Nacional*. Constatou-se que ele tem muita dificuldade para entender notícias complexas e pouca familiaridade com siglas como BNDES, por exemplo. Na redação, foi apelidado de Homer Simpson. Trata-se do simpático mas obtuso personagem de *Os Simpsons*, uma das séries estadunidenses de maior sucesso na televisão em todo o mundo. Pai da família Simpson, Homer adora ficar no sofá, comendo rosquinhas e bebendo cerveja. É preguiçoso e tem o raciocínio lento.

A explicação inicial seria mais do que necessária. Daí para a frente, o nome mais citado pelo editor-chefe do *Jornal Nacional* é o do senhor Simpson. "Essa o Homer não vai entender", diz Bonner, com convicção, antes de rifar uma reportagem que, segundo ele, o telespectador brasileiro médio não compreenderia.

Mal-estar entre alguns professores. Dada a linha condutora dos trabalhos – atender ao Homer –, passa-se à reunião para discutir a pauta do dia. Na cabeceira, o editor-chefe; nas laterais, alguns jornalistas responsáveis por determinadas editorias e pela produção do jornal; e na tela instalada numa das paredes, imagens das redações de Nova York, Brasília, São Paulo e Belo Horizonte, com seus representantes. Outras cidades também suprem o *JN* de notícias (Pequim, Porto Alegre, Roma), mas elas não entram nessa conversa eletrônica. E, num círculo maior, ainda ao redor da mesa, os professores convidados. É a teleconferência diária, acompanhada de perto pelos visitantes.

Todos recebem, por escrito, uma breve descrição dos temas oferecidos pelas "praças" (cidades onde se produzem reportagens para o jornal), que são analisados pelo editor-chefe. Esse resumo é transmitido logo cedo para o Rio, e depois, na reunião, cada editor tenta explicar e defender as ofertas, mas eles não vão muito além do que está no papel. Ninguém contraria o chefe.

A primeira reportagem oferecida pela "praça" de Nova York trata da venda de óleo para calefação a baixo custo feita por uma empresa de petróleo da Venezuela para famílias pobres do estado de Massachusetts. O resumo da "oferta" jornalística informa que a empresa venezuelana, "que tem 14 mil postos de gasolina nos Estados Unidos, separou 45 milhões de litros de combustível" para serem "vendidos em parcerias com ONGs locais a preços 40% mais baixos do que os praticados no mercado americano". Uma notícia de impacto social e político.

O editor-chefe do *Jornal Nacional* apenas pergunta se os jornalistas têm a posição do governo dos Estados Unidos antes de, rapidamente, dizer que considera a notícia imprópria para o jornal. E segue em frente.

Na seqüência, entre uma imitação do presidente Lula e da fala de um argentino, passa a defender com grande empolgação uma matéria oferecida pela "praça" de Belo Horizonte. Em Contagem, um juiz estava determinando a soltura de presos por falta de condições carcerárias. A argumentação do editor-chefe é quanto ao perigo de criminosos voltarem às ruas. "Esse juiz é um louco", chega a dizer, indignado. Nenhuma palavra sobre os motivos que levaram o magistrado a tomar essa medida e, muito menos, sobre a situação dos presídios no Brasil. A defesa da matéria é em cima do medo, sentimento que se espalha pelo País e rende preciosos pontos de audiência.

Sobre a greve dos peritos do INSS, que completava um mês – matéria oferecida por São Paulo –, o comentário gira em torno dos prejuízos causados ao órgão. "Quantos segurados já poderiam ter voltado ao trabalho e, sem perícia, continuam onerando o INSS?", ouve-se. E sobre os grevistas? Nada.

De Brasília é oferecida uma reportagem sobre "a importância do superávit fiscal para reduzir a dívida pública". Um dos visitantes, o professor Gilson Schwartz, observou como a argumentação da proponente obedecia aos cânones econômicos ortodoxos e ressaltou a falta de visões alternativas no noticiário global.

Encerrada a reunião, segue-se um *tour* pelas áreas técnica e jornalística, com a inevitável parada em torno da bancada onde o editor-chefe senta-se diariamente ao lado da esposa para falar ao Brasil. A visita inclui passagem diante da tela do computador em que os índices de audiência chegam em tempo real. Líder eterna, a Globo pela manhã é assediada pelo *Chaves* mexicano, transmitido pelo SBT. Pelo menos é o que dizem os números do Ibope.

E no almoço, antes da sobremesa, chega o espelho do *Jornal Nacional* daquela noite (no jargão, espelho é a previsão das reportagens a serem transmitidas, relacionadas pela ordem de entrada e com a respectiva duração). Nenhuma grande novidade. A matéria dos presos libertados pelo juiz de Contagem abriria o jornal. E o óleo barato do Chávez venezuelano foi para o limbo.

Diante de saborosas tortas e antes de seguirem para o Projac – o centro de produções de novelas, seriados e programas de auditório da Globo em Jacarepaguá –, os professores continuam ouvindo inúmeras referências ao Homer. A mesa é comprida e em torno dela notam-se alguns olhares constrangidos.

(7 de dezembro de 2005)

leia também

ATRÁS DAS CÂMERAS
RELAÇÕES ENTRE CULTURA, ESTADO E TELEVISÃO
Laurindo Lalo Leal Filho

Um panorama das relações entre a televisão, o Estado e a cultura brasileiros visto através da história da TV Cultura de São Paulo. Um estudo da evolução da televisão brasileira como o mais abrangente instrumento de ação cultural no país. O livro mostra os bastidores de uma televisão não comercial, com as injunções políticas e econômicas que interferem no seu funcionamento.
REF. 10339   ISBN 85-323-0339-0

A MELHOR TV DO MUNDO
O MODELO BRITÂNICO DE TELEVISÃO
Laurindo Lalo Leal Filho

Quando se fala de televisão de alta qualidade, a primeira lembrança é a BBC inglesa. As emissoras educativas brasileiras e alguns canais de TV por assinatura transmitem cada vez mais programas produzidos na Inglaterra, onde as emissoras mantidas por propaganda são submetidas a um rigoroso controle público. Este livro analisa o modelo britânico de rádio e TV e seus padrões de qualidade sem comparação no mundo.
REF. 10596   ISBN 85-323-0596-2

SEJA O PRIMEIRO A SABER
A CNN E A GLOBALIZAÇÃO DA INFORMAÇÃO
José Carlos Aronchi de Souza

O autor revela a estratégia de geocomunicação, pela qual as grandes potências fazem as pessoas do mundo inteiro receberem juntas as mesmas informações. Explica o desenvolvimento da rede de TV americana CNN e traz um registro detalhado da cobertura da invasão/ocupação do Iraque, em 2003. Um livro para entender como os conceitos de hegemonia e geopolítica são aplicados na era da globalização, utilizando o fluxo internacional de informações e o telejornalismo.
REF. 10226   ISBN 85-323-0226-2

MANUAL DO TELESPECTADOR INSATISFEITO
Wagner Bezerra

A baixa qualidade da programação de TV tem gerado acaloradas discussões. Este manual aponta como o telespectador descontente pode lidar de forma crítica e ativa com esse veículo. A proposta é reagir contra a passividade que a televisão nos impõe, e educar o espectador, tornando-o capaz de criticar, responder e exercer influência sobre a programação.
REF. 10681   ISBN 85-323-0681-0

IMPRESSO NA

sumago gráfica editorial ltda
rua itauna, 789 vila maria
02111-031 são paulo sp
telefax 11 **6955 5636**
sumago@terra.com.br

--- dobre aqui ---

Carta-resposta
2146/83/DR/SPM
Summus Editorial Ltda.
CORREIOS

CARTA-RESPOSTA
NÃO É NECESSÁRIO SELAR

O SELO SERÁ PAGO POR

AVENIDA DUQUE DE CAXIAS
14-999 São Paulo/SP

--- dobre aqui ---

CADASTRO PARA MALA-DIRETA

Recorte ou reproduza esta ficha de cadastro, envie completamente preenchida por correio ou fax, e receba informações atualizadas sobre nossos livros.

Nome: _____ Empresa: _____
Endereço: ☐ Res. ☐ Coml. _____ Bairro: _____
CEP: ____-____ Cidade: _____ Estado: _____ Tel.: ( ) _____
Fax: ( ) _____ E-mail: _____ Data de nascimento: _____
Profissão: _____ Professor? ☐ Sim ☐ Não Disciplina: _____
Grupo étnico principal: _____

1. Você compra livros:
☐ Livrarias ☐ Feiras
☐ Telefone ☐ Correios
☐ Internet ☐ Outros. Especificar: _____

2. Onde você comprou este livro? _____

3. Você busca informações para adquirir livros:
☐ Jornais ☐ Amigos
☐ Revistas ☐ Internet
☐ Professores ☐ Outros. Especificar: _____

4. Áreas de interesse:
☐ Auto-ajuda ☐ Espiritualidade
☐ Ciências Sociais ☐ Literatura
☐ Comportamento ☐ Obras de referência
☐ Educação ☐ Temas africanos

5. Nestas áreas, alguma sugestão para novos títulos?
_____
_____

6. Gostaria de receber o catálogo da editora? ☐ Sim ☐ Não

Indique um amigo que gostaria de receber a nossa mala-direta

Nome: _____ Empresa: _____
Endereço: ☐ Res. ☐ Coml. _____ Bairro: _____
CEP: ____-____ Cidade: _____ Estado: _____ Tel.: ( ) _____
Fax: ( ) _____ E-mail: _____ Data de nascimento: _____
Profissão: _____ Professor? ☐ Sim ☐ Não Disciplina: _____

Summus Editorial
Rua Itapicuru, 613 7° andar 05006-000 São Paulo - SP Brasil Tel.: (11) 3872-3322 Fax: (11) 3872-7476
Internet: http://www.summus.com.br   e-mail: summus@summus.com.br